ORGANIZA TU VIDA, PERO NO LA MÍA

CAMILA MONTENEGRO

EDITORIAL MUNDO LATINO
www.emundol.com

Organiza tu vida, no la mía

Publicado por Editorial Mundo Latino

Editorial Mundo Latino *www.emundol.com*

ISBN: 979-8-90155-178-3

INDICE

DEDICATORIA

A mis hijos, Esmeralda Ruby y José Francisco, quienes cada día me revelan el verdadero significado del valor y la fuerza.

En sus miradas encuentro el motivo para seguir, y en su amor, la razón más profunda para resistir.

A Ricardo N. gracias por permanecer a mi lado en mi momento más difícil y recordarme que, cuando dos corazones se unen con fe, todo es posible. (El cáncer no mata cuando hay unión, y la unión se protege con amor.) Sin ti, esta lucha no habría tenido el mismo resultado.

A mi cuñada Leticia, por ser mi más grande apoyo familiar, por estar presente cuando el camino se volvió incierto, y por sostener mi espíritu con tu cariño constante.

A mi prima Silvia, gracias infinitas por tu ternura y por cuidar de mamá con tanto amor.

Saber que puedo contar contigo ha sido un refugio inquebrantable.

A mi amiga, Verónica, Claudia y Martha, compañeras de vida y confidente de mis días.

Nuestro caminar no ha sido fácil, pero qué hermoso ha sido recorrerlo juntas, entre lágrimas, risas y promesas que resisten el tiempo.

Y a cada amiga de mi infancia, que aún comparte su amistad conmigo, gracias por permanecer, por creer, por ser parte de mi historia.

Este libro también les pertenece. Las amo profundamente. Finalmente, a ti, querido lector, gracias por regalarme tu tiempo y tu corazón.

Que estas páginas sean para ti una invitación a no rendirte jamás, y a creer que incluso en medio de la adversidad, siempre es posible crecer.

Camila Montenegro

AGRADECIMIENTOS

Quiero expresar mi más profundo agradecimiento a mi hermano y amigo Art Jiménez, ejemplo de esfuerzo, constancia y nobleza. Gracias por inspirarme a seguir adelante, por creer en mí incluso cuando dudé, y por demostrarme que rendirse jamás es una opción. Soy producto de tu liderazgo, de tu guía, y del ejemplo de fortaleza que siempre has representado. Gracias por amar tanto a mis hijos, sabes que para ellos siempre has sido un héroe Me honra saber que te buscan desde chicos para cualquier consejo. Y ese respeto se gana y tú te lo has ganado Te amamos.

A Rocío García, gracias por haber sido mi compañera y cómplice en aquellos años de juventud, cuando recorríamos las calles de Tijuana en busca de trabajo y oportunidades. Aquellos días difíciles se convirtieron en los cimientos de los sueños que hoy celebro.

A mi comadre, madrina de Ruby: La amo y siempre la llevaré en mi corazón. Gracias por abrirme las puertas de su hogar y permitirme vivir con Usted; por enseñarme a respetarme, por tratarme como a una hija, por llorar conmigo cuando el dolor era insoportable. Gracias por mostrarme el camino de la verdad, por presentarme el amor de Dios, por acompañarme en mi embarazo y estar presente en el nacimiento de mi hija. Gracias por cuidarla, por amarla y aceptar ser su madrina. No sé de dónde llego, pero su llegada transformó mi vida. Sin usted, no sé qué habría sido de mí. ¡Gracias, infinitas gracias!

A mi prima hermana, María, te lo repetiré toda la vida: gracias por nuestras locuras, por compartir sueños y risas, por caminar conmigo incluso en los días inciertos. Estoy aquí gracias a ti. Te amo y te respeto por siempre.

A mi madre, a quien amo con toda el alma. El día que comencé este libro, los doctores se habían dado por vencidos y le habían dado pocos días de vida. Verla cada día perder sus fuerzas me impulsó a escribir, a transformar el dolor en propósito, a compartir esta herramienta que —aunque tal vez no alcance a verla terminada— sé que dará vida a muchas vidas.

A mi padre y hermanos, porque sin la vida que compartimos no existiría una historia que pudiera servir de apoyo a miles de personas que, como nosotros, han tenido que aprender a levantarse. Estoy segura de que las herramientas que me ayudaron a mí también serán de bendición para muchos.

Si volviera a nacer, elegiría la misma familia, los mismos hermanos y padres. Y también, la misma historia. Los amo por siempre, desde lo más profundo de mi corazón.

Con el más grande respeto y admiración, dedico estas palabras a mis sobrinas y sobrinos, sabiendo que la vida seguirá transformándose cada día para bien. Su tía los ama con el alma.

PREFACIO

Esta historia es también para todas las mujeres que alguna vez sintieron que su voz fue apagada, para aquellas que cargaron responsabilidades demasiado pronto, y para quienes aún buscan dentro de sí la fuerza para levantarse.

Dedico y agradezco cada letra de este libro, cada minuto invertido, cada desvelo y cada lágrima que acompañó a los capítulos de esta obra.

Agradezco a Quién todo lo puede, a quien, aun sin conocerle plenamente, ya actuaba en mi favor, me protegía, me guiaba y jamás me dejó caer. A mi Padre Dios: gracias, gracias, gracias. Te honraré por siempre.

Hoy levanto mi corazón en gratitud, reconociendo que sin Dios nada soy, y que con Él lo tengo todo.

"Olvidando ciertamente lo que queda atrás, y extendiéndome a lo que está delante, prosigo a la meta, al premio del supremo llamamiento de Dios en Cristo Jesús." Filipenses 3:13-14

PRÓLOGO

Cada página de este libro es fruto del esfuerzo, la perseverancia y la sensibilidad de una mujer que decidió transformar el dolor en propósito. Cada palabra representa noches de desvelo, días de reflexión y la determinación de compartir una experiencia que puede inspirar a otros.

Este proyecto nació desde un profundo deseo de sanar, de comprender el valor de la vida y de reconocer que, incluso en los momentos más difíciles, existe una fuerza superior que guía, protege y sostiene. Esa energía, que muchos llaman fe, esperanza o deidad, ha sido la brújula que marcó el rumbo de esta obra.

A través de estas páginas, el lector encontrará no solo una historia personal, sino también un testimonio de resiliencia, gratitud y crecimiento interior. Es una invitación a mirar hacia adelante, a reconciliarse con el pasado y a creer que todo lo vivido tiene un propósito.

El equipo editorial se honra en presentar esta obra, convencido de que su mensaje trascenderá más allá de las palabras y alcanzará el corazón de quienes la lean, recordándonos que siempre es posible comenzar de nuevo.

Más allá del relato individual, este libro celebra la capacidad humana de reinventarse. Habla del poder que surge cuando la vulnerabilidad se convierte en aprendizaje y cuando el dolor deja de ser un enemigo para transformarse en una fuente de sabiduría. Cada capítulo revela una mirada honesta hacia la vida, escrita desde la experiencia, la introspección y la valentía.

Como editorial, creemos firmemente que las historias como esta merecen ser contadas, porque abren espacios de reflexión y empatía. Este libro no solo entretiene: acompaña, consuela y despierta en el lector una profunda conciencia sobre el valor del amor, la familia, la amistad y la fortaleza interior.

El mensaje que se desprende de estas páginas es claro y atemporal: siempre hay una oportunidad para renacer. Cuando una vida decide narrarse con autenticidad, se convierte en un espejo para quienes necesitan recordar que no están solos, que toda caída puede ser el inicio de una nueva etapa y que toda herida puede transformarse en una huella luminosa.

Este texto no solo es un testimonio de vida, sino también un acto de amor hacia los demás. En él se refleja la voz de quienes alguna vez callaron, la esperanza de quienes aún luchan y la gratitud de quien comprendió que cada experiencia —por dura que sea— puede convertirse en una oportunidad para crecer.

Sonia B. F. Arias
Gerente
Editorial Mundo Latino

ACERCA DEL AUTOR

Nací en Tijuana, Baja California, una ciudad grande pero a la vez pequeña, que con el paso de los años se ha convertido en la ciudad más visitada del mundo por ser frontera con Estados Unidos.

Mi padre no tuvo educación escolar, pero de la vida aprendió a hacer de todo: fue troquero, manejó maquinaria pesada y sabía de mecánica. Mi madre fue ama de casa. Crecí con cuatro hermanos: Arturo, Raúl, Francisco y Uvaldo. Yo soy la única mujer y la menor. La partida de Raúl marcó profundamente mi vida: murió a los 20 años.

Mi niñez fue hermosa a la manera en que yo vivía, porque no conocía nada más. No teníamos mucho. Ver a mi papá tomado era algo normal, y que nos golpeara duro por todo también era normal. No tuvimos consejos de padres ni nos dieron responsabilidades; era levantarte y vivir el día como llegara. En casa siempre hubo un lenguaje lleno de insultos y malas palabras para todo, y eso, aunque doloroso, era parte del ambiente en el que crecimos.

A pesar de eso, también hubo momentos lindos. Con Lorena tuve una etapa de niña hermosa, nos reinventábamos juegos diarios. Con Guisi jugábamos a las muñecas y a la comidita, como si de verdad cocináramos. Con mis hermanos los juegos eran de luchas y peleas, como si así aprendiéramos a defendernos del mundo.

No recuerdo tener muchos pasatiempos favoritos, pero hay algo que sí se quedó grabado en mí: cuando estaba en 5° y 6° de primaria, ayudaba en el puesto de la escuela vendiendo en el recreo y apoyando al maestro encargado. Eso me fascinaba. Vender a los demás niños me hacía sentir especial, como si desde entonces algo dentro de mí ya supiera que estaba hecha para emprender, para ofrecer, para dar.

Hoy me dedico al crecimiento de muchas mujeres a quienes se les cierra el mundo, como un día se me cerró a mí. Soy networker: cada día abro una oportunidad para una mujer o un hombre que sienta que su propósito se terminó. También soy inversionista en real estate y trabajo para una empresa que me dio la oportunidad de proteger a personas de la tercera edad. Eso me apasiona profundamente, porque siento que cuido vidas y honro historias.

Mi familia es mi motor. Mi esposo y amigo, el Dr. Ricardo Navarro, es mi mejor compañero de vida. Mi hija y amiga Esmeralda Ruby es increíble en su labor de ventas, siempre entregada y apasionada. Mi hijo menor, José Francisco, es un niño estudioso, lleno de talentos; la música y la guitarra son su pasión. Aprendimos a apoyarnos los cuatro en cada sueño y propósito que tengamos, luchando juntos por lograrlo.

Actualmente vivo en San Diego, California, desde donde sigo construyendo mi historia, organizando mi vida... pero no la de los demás.

INTRODUCCIÓN

“Organiza tu vida, pero no la mía” no se trata solo de poner las cosas en su lugar, sino de encontrar el sentido detrás de cada decisión, de cada paso y de cada sueño que aún espera ser cumplido.

No es ordenar cajones, sino pensamientos; no es limpiar una habitación, sino despejar el alma de aquello que ya no tiene propósito.

Este libro nace del deseo profundo de ayudarte a reencontrarte con lo esencial, con aquello que te sostiene cuando todo parece caótico y disperso.

Vivimos corriendo detrás del tiempo, pero rara vez nos detenemos a preguntarnos hacia dónde vamos.

Llenamos nuestras agendas, pero olvidamos escuchar nuestra voz interior.

Nos esforzamos por alcanzar metas externas mientras descuidamos el equilibrio interno que da sentido a todo lo demás. *Organiza tu vida* pero no la mia es una invitación a pausar, respirar y reconstruir tu día a día desde adentro hacia afuera, con propósito, conciencia y gratitud.

Aquí no encontrarás fórmulas rígidas ni recetas milagrosas. En cambio, hallarás una guía sincera, cercana y práctica para recuperar el control sobre tu tiempo, tus emociones y tus prioridades.

Aprenderás a liberar lo que pesa, a poner límites saludables, a simplificar tus rutinas y a tomar decisiones alineadas con tus valores. No se trata de hacer más, sino de vivir mejor.

Organizar tu vida, pero no la mía es un acto de amor propio. Es el punto de partida para reencontrarte con la calma, para recuperar la energía que el desorden te roba y para abrir espacio a lo que realmente importa. Cada capítulo te acompañará paso a paso, con reflexiones, herramientas y ejercicios diseñados para ayudarte a transformar el caos en claridad, la prisa en equilibrio y la confusión en dirección.

Permítete empezar de nuevo. Este libro no llega a ti por casualidad.

Llega justo cuando tu alma lo necesita: cuando estás lista para poner orden, no solo en tus días, sino en tu corazón.

1

CUANDO LA NIÑA SE CONVIRTIÓ EN ADULTA

Justo al cumplir trece años terminé sexto de primaria. Me sentía emocionada, como cualquier niña que sueña con su futuro. Ese día llegué a casa con una sonrisa enorme, ansiosa por contarles a mis padres que ya me había inscrito en la secundaria y que estaría en el mismo salón que mi amiga Verónica.

La felicidad me desbordaba; era una corriente de ilusión que no podía contener.

Recuerdo a mi padre, aquel hombre de voz firme, la misma que imponía respeto y corregía con golpes más que con palabras. Pensé que al darle la noticia sonreiría conmigo, pero su rostro se endureció. Se detuvo unos segundos y pronunció unas palabras que se clavaron en mi memoria como un sello imposible de borrar:

—No, Camila. Tú no irás a la escuela. En la secundaria, las niñas de tu edad salen embarazadas.

Sentí como si hablara de otra persona, como si contara una historia ajena. Pero no… era mi vida la que se estaba decidiendo en ese instante.

Dentro de mí, una voz gritaba con fuerza: "¡NO! YO QUIERO ESTUDIAR, QUIERO SER SECRETARIA."

Lo enfrenté, aun sabiendo que podía golpearme. Papá era un hombre trabajador e inteligente, pero no podía ofrecerme lo que él mismo no había aprendido: el valor del respeto, la educación y la libertad. Aun así, mi espíritu no se doblegó. No podía aceptar quedarme en casa viendo los días pasar, preparando lonches para mis hermanos, como él me había dicho. Le pedí que, si no me permitiría estudiar, al menos me dejara trabajar.

Él me miró con duda. —¿Quién le va a dar trabajo a una niña de trece años? —preguntó.

Éramos cinco hijos, y yo la más pequeña y la única mujer. Desde niña, siempre presté atención a todo. Ayudaba a mi padre con la mecánica de los carros; conocía las herramientas por nombre y número.

En los veranos vendíamos sandías en la calle con mis hermanos, y donde yo estaba, las ventas subían. A los seis años ya sabía gritar los precios y atraer clientes con mi sonrisa.

También lo ayudaba a cocinar carnitas, vender la manteca y el chicharrón. Aprendí a hacerlo todo con el corazón.

Al día siguiente, decidida, salí con mi amiga Rocío a buscar empleo… y lo logré. Así comenzó mi vida laboral.

Mientras mis amigas hablaban de tareas, maestros y juegos, yo escuchaba el sonido de las máquinas en una fábrica de pantimedias, rodeada de adultos. Mi infancia se quedó entre los hilos y el ruido metálico de las máquinas.

Cada día, a las seis de la mañana, llegaba puntual, con orgullo y cansancio mezclados. A los dos años de trabajar allí, pude comprarle a mi madre una cobija San Marcos y, más tarde, una lavadora. Aquellos regalos eran mis trofeos. Sentía una felicidad inmensa al entregarle mi cheque y ver su rostro iluminarse.

Ser la menor y la única mujer no fue sencillo. Crecí "como un hombrecito", vistiendo la ropa heredada de mis hermanos, sin opción de elegir. Pero cuando comencé a trabajar, pude comprar mi propia ropa. Esa independencia, aunque pequeña, me llenaba de ilusión.

Llegaron mis quince años, esa edad que tantas niñas sueñan con luces, vestido y vals. Yo solo deseaba compartir mi alegría con mis compañeras de la fábrica. No lo hice.

Ese día también me pesaba otro secreto: por necesidad, tuve que alterar mi acta de nacimiento para figurar como mayor de edad y poder seguir trabajando. En papeles tenía dieciocho, pero en realidad apenas cumplía quince. Me tragué las lágrimas y seguí sonriendo.

Al llegar a casa, algo cambió mi día. Mi padre me esperaba con unas carnitas recién hechas. Era su forma de decirme "te quiero".

No lo decía con palabras, lo hacía con gestos sencillos: un pastel pequeño comprado con esfuerzo, un galón de leche para que mamá —o Paquita, mi segunda madre— preparara chocolate caliente.

Aquel fue mi festejo: humilde, pero lleno de amor. No tuve vestido, pero tuve cariño. Y eso bastó para entender que, incluso en medio de la necesidad, hay señales de ternura que sostienen la vida.

Mis amigas seguían compartiendo historias de escuela, exámenes y novios, mientras yo seguía en la fábrica, enfundada en mi bata azul.

Las máquinas zumbaban como un reloj que no se detiene, marcando el paso del tiempo que yo no podía vivir como ellas. Sin embargo, allí aprendí algo que ninguna escuela enseña: la dignidad del trabajo y el valor del esfuerzo.

Entre los ruidos, el olor a tela nueva y los sueños que tejía en silencio, apareció algo inesperado: el primer amor. Lo conocí en la tienda de don Trino, donde solíamos hacer mandados. Éramos tres amigas cuando tres muchachos se acercaron.

Nuestros ojos se cruzaron, y sentí una chispa que me desordenó el alma. Él era hermano de la cuñada de una amiga, y desde entonces empezó una historia inocente, de miradas y sonrisas escondidas tras los portones.

Durante meses lo vi cada tarde fuera de casa de Verónica, mi amiga-hermana. Me hacía sentir viva, aunque no entendiera del todo lo que era el amor.

Solo tenía trece años, pero mi corazón ya latía con otra música. Sin embargo, un día se fue sin despedirse. Y mi mundo se apagó.

Pasaron semanas de silencio, de lágrimas que caían sin permiso. Pero un día volvió. Verlo fue como reencontrar la primavera. La relación continuó, más madura, más consciente, aunque seguía siendo una historia de inocencia.

Me pidió un beso, y aunque el corazón me temblaba, no pude. Tres meses después, coincidimos en una fiesta; logré que mamá me dejara ir, prometiendo que papá no sabría.

Era la primera vez que me ponía una falda blanca. Me sentía bonita, libre, distinta. Al llegar, él me tomó de la mano, y por un instante sentí que todo el dolor se había ido.

Pero lo llamaron unos amigos, y me dijo que regresaría enseguida… nunca volvió. Esa noche aprendí que el amor también se ausenta sin avisar. Lloré en silencio durante días, fingiendo fortaleza. Y aunque mi corazón estaba hecho pedazos, entendí que incluso el abandono enseña.

Hoy miro atrás y sé que, aunque la vida me cerró la puerta de la escuela, me abrió otra: la de la sabiduría que se aprende con la piel. Aprendí lo que significa el sacrificio, el esfuerzo y la grandeza de compartir lo poco. Aquella cobija San Marcos y la lavadora que compré no fueron simples objetos; fueron símbolos de mi independencia y de la niña que decidió crecer sin permiso.

A veces la vida no nos lleva por donde soñamos, pero siempre nos da las herramientas para construir nuestro propio destino. Porque los comienzos difíciles no definen los finales gloriosos. Si algo quiero dejarte en el corazón, es esto:

No importa si te tocó crecer antes de tiempo o si tus sueños fueron interrumpidos. Lo importante es que nunca pierdas la capacidad de levantarte, de creer y de seguir caminando. Porque cada paso, aunque parezca pequeño, es una semilla de la mujer fuerte que estás destinada a ser.

2

"EL TREN HACIA LO DESCONOCIDO"

Mi dedicación no cambió, pero el vacío dentro de mi corazón era profundo. En el fondo, a veces solo quería desaparecer.

Entonces llegó mi oportunidad; una prima muy querida vino de visita desde Estados Unidos. La emoción de verla era inmensa; recordaba los veranos pasados con mis primas, llenos de risas y aventuras.

Me invitó a pasar una semana con ella durante mis vacaciones de la fábrica. Fue un momento de ilusión: por fin podría escapar de la tristeza y la soledad que me acompañaban en Tijuana. Pedí permiso a papá, quien finalmente me permitió ir. Todo parecía perfecto… hasta que llegó el momento de partir.

Algunas veces la vida te arrincona contra una pared, pero siempre hay una puerta que puedes abrir con tus sueños.

Justo cuando me tocaba regresar a Tijuana para continuar mi jornada en la fábrica, mi prima recibió una oferta de trabajo.

Fue un momento emocionante, porque ella me pidió que, si mi papá me dejaba, yo podría quedarme a cuidar a sus cuatro hijos.

Imagínate: ganaría dinero, me quedaría en Estados Unidos y podría comenzar a construir mi futuro.

Llamé a mi papá con la esperanza de escuchar un "sí". Pero su respuesta fue un "no" rotundo. Y no solo eso: de inmediato viajó cinco horas para recogerme y regresarme a Tijuana. Según él, mi lugar estaba en casa, apoyando a mamá.

¡No! Yo no lo permitiría. Mi corazón ya había decidido otra cosa. Así que armé un plan B. En mi maleta puse ropa de mis sobrinos, la que ya no les quedaba, y dejé la mía en ese hermoso pueblo de Mojave que tanto me enseñó. Mi mente estaba enfocada en mi futuro, en mis sueños de niña: apoyar a mi madre, construirle su casita, comprarle a papá una camioneta.

Recuerdo perfectamente el viaje de regreso. Papá iba feliz, con su cigarro en mano, contándome historias que no escuchaba, porque mi cabeza solo pensaba en el plan que estaba a punto de ejecutar.

Al llegar a Tijuana, mi madre estaba cocinando chiles rellenos. Algo increíble, porque pocas veces la veía cocinar. Papá dijo con orgullo: —Qué bueno que llegamos, para que le ayudes a tu madre.

Esas palabras me dolieron. Para él, mi destino era quedarme en casa, sin estudios y sin trabajo, apoyando como ama de casa. Pero yo sabía, desde lo más profundo de mi ser, que ese no sería mi camino.

Por primera vez, guardé silencio. Yo, la hija que siempre contestaba, que a veces abusaba de ser la más pequeña, me quedé calladita. Era parte de mi estrategia.

Así que ayudé con los chiles rellenos, como toda una niña obediente. Pero en cuanto tuve la oportunidad, le dije a mi mamá: —Tengo que ir a ver a mi amiga Cristina, de la fábrica.

Ella, sin sospechar lo que estaba por pasar, me dio 20 dólares para comprar un medicamento. Aleluya. Era como dinero caído del cielo para mi plan de escape.

Salí de casa rumbo a mi nuevo destino. Y aunque mi madre no dijo nada, recuerdo su mirada. Fue como si presintiera que esa era mi despedida. Ese día comenzó mi verdadero vuelo.

El día del viaje llegué a la estación del tren con el corazón latiendo a mil por hora. Tenía mi pasaporte y crucé la frontera sin ningún problema.

A pesar de mi edad, no me dijeron nada. Todo caminaba perfecto: el plan estaba funcionando. Pero la emoción de un nuevo comienzo pronto se mezcló con la realidad.

Mi Pariente —a quien hoy por hoy amo y respeto— no había podido llegar a recogerme como se había planeado. El temor la invadió; si mi padre llamaba y ella no contestaba, se daría cuenta de que yo estaba con ella. No era el plan, pero lo entendí: las consecuencias serían terribles.

Esperé... cada minuto parecía una eternidad. La estación se fue quedando vacía, y me encontré rodeada de personas que vivían en la calle.

La noche era interminable, y cada instante me recordaba lo pequeña y sola que estaba en un país desconocido. Sentía miedo al verme rodeada por aquel mundo que no conocía, donde la calle era hogar de tanta gente.

Era algo nuevo para mí. Súper arrepentida por haberme ido de mi casa, por dejar a mis padres... pero no había marcha atrás. No sé cómo pude soportar el miedo.

¿Cómo nadie se dio cuenta de que era una niña y que estaba sola? Pasan los años y aún no lo comprendo.

Llamé por teléfono a casa de mi primo para asegurarme de que alguien viniera por mí. Pasaron horas y horas sin que se tomara una decisión. Papá era una persona muy difícil, y hoy que lo comprendo, puedo imaginar a todos sentados en la mesa, tratando de solucionar el problema en el que los había metido.

Tal vez pensaron que yo no me atrevería a hacerlo, pero seguí paso a paso lo que habíamos planeado antes de que mi padre llegara por mí.

Por favor, al leer este libro, no tomen nada personal. Yo los amo y entiendo todo claramente. Ser una niña con sueños y "aventada", como decimos en mi Tijuana, tal vez les hizo pensar que no me atrevería.

Finalmente, un par de amigos que conocí en esas vacaciones se arriesgaron para recogerme. Uno de ellos fue mi pretendiente en ese tiempo —quien quise pensar que tenía buenos sentimientos hacia mí— y el otro, un gran amigo de la familia. Gracias a ellos, pude llegar a mi destino: Mojave.

Comenzó así otra historia, una historia en la que nada de lo planeado ocurrió como esperábamos. El plan era vivir con mi familia, pero solo fue por temporadas, aprendiendo a adaptarme mientras lidiaba con un entorno difícil. No podía quedarme en casa de mi familia por temor a papá.

El muchacho que me recogió, aunque me ofreció techo, tenía problemas con el alcohol, las drogas y la violencia. A los pocos días de haber llegado, comenzó una nueva etapa.

Estaba con una persona que conocía poco, que me había hecho el favor de recogerme y darme un techo, pero pronto mostró su carácter.

Recuerdo que intenté cocinarle; jamás lo había hecho en mi casa. Mamá no me enseñó nada de cocina ni de responsabilidades que yo disfrutara.

Mi única responsabilidad era tirar los orines de mis cuatro hermanos —lo que en aquel entonces llamábamos la "bacinica"— entre mis seis y once años. Ese era mi trabajo cada mañana, además de ir a la tienda de don Trino cuando se necesitaba algo.

Un día quise sorprenderlo preparándole una comida cuando llegara de trabajar. Estaba emocionada. Me puse a freír una lata de atún; le agregué cebolla picada, tomate y chiles verdes. Para mí, ese olor en el pequeño apartamento era el de un gran platillo cocinado por mis propias manos.

Le llevaría tacos dorados con lechuga picada, crema, queso y una salsa que él mismo había preparado. Te platico: era un increíble cocinero en un restaurante americano.

Y qué crees… al llegar, entró directo a la estufita de dos quemadores que tenía el departamento. Me preguntó qué era eso, y contenta le contesté lo que había preparado. Cogió el sartén y lo tiró a la basura, insultándome. Increíble lo que sentí.

Le pregunté por qué lo tiraba, y solo me contestó con una cachetada: "¿Qué cochinero es eso?". Ya no eran los golpes de papá, de los que había huido, sino los golpes de un desconocido.

Golpes y desprecios de alguien a quien, aun así, le vivo agradecida con todo mi corazón, eternamente, por haber tenido el valor de recogerme aquella noche en la estación del tren en San Diego, California.

Aprendí a fingir felicidad mientras buscaba mi salida. Muchas veces, a medianoche, me sacaba del apartamento después de una golpiza. Los vecinos de al lado, puros hombres que todas las noches tomaban después del trabajo, se daban cuenta y lo invitaban a seguir tomando con ellos.

Eso me daba la oportunidad de volver a entrar al departamento. Escuchaba entre las paredes cómo lo aconsejaban entre borracheras, y recuerdo que él contestaba: "Me la voy a llevar a vivir a México; allá se quedará con mamá".

Imagina mi mente volando: "¿Qué le pasa? ¡No soy un juguete!". Escuchaba sus pláticas pegada a la pared hasta que el sueño me vencía.

En muchas ocasiones, cuando los vecinos no se daban cuenta, esperaba la mañana siguiente sentada fuera de la puerta o pedía a mi familia que me apoyara para quedarme con ellos. Por creencias tontas e ignorancia, ese muchacho —que entonces tenía veinticuatro años y yo solo quince— me pedía disculpas, y rápido me convencía. Y ahí iba yo de regreso a su departamento.

Eso pasó por varios años. Se me cerraban puertas por un lado, pedía apoyo por otro. En varias ocasiones, un parque fue mi casa por un par de noches.

Pero incluso en medio de esas dificultades, aprendí una lección crucial: la vida siempre da oportunidades, y la fuerza para superarlas está dentro de mí.

A mis quince años, entendí que la verdadera independencia y la capacidad de decidir mi destino requerían paciencia, valentía y un corazón dispuesto a no rendirse.

Llegar a Mojave fue como despertar en un mundo nuevo. Nada era como lo habíamos planeado mi familia y yo, pero no había marcha atrás. Había tomado una decisión demasiado grande a mis quince años, y ahora debía enfrentar sus consecuencias.

Pronto descubrí que la vida no sería fácil. El muchacho que me había recogido en la estación, y que parecía un refugio en medio del miedo, se convirtió en otra prueba en mi camino.

Su carácter cambiaba con cada copa; las golpizas y los desprecios se hicieron parte de mi rutina. A veces no sabía si me dolía más el cuerpo o el alma.

Pero aun con lágrimas, aprendí a fingir sonrisas, mientras por dentro buscaba la manera de salir de esa vida que no me pertenecía.

Sin embargo, había algo que me sostenía: mi deseo profundo de crecer. Sabía que, para poder decidir mi destino, tenía que ser paciente y aguantar hasta cumplir la mayoría de edad.

Me aferraba a la esperanza de que los dieciocho años serían la llave que me abriría las puertas de mi independencia.

Gracias a Dios, un día fui con mi prima a un restaurante, y ahí decía que ocupaban personal. Ella me motivó a preguntar. Un americano alto me hizo unas preguntas y... ¡vámonos! Me dieron trabajo.

Ese empleo se convirtió en mi escuela. Aprendí lo que significa la verdadera responsabilidad. A esa corta edad tuve que convertirme en mi mejor versión: una adulta de golpe.

La rutina no era sencilla. Caminaba a mi trabajo a las cuatro de la mañana, atendía la casa y buscaba cómo salir adelante en un lugar que aún me parecía ajeno.

Con un hombre que tomaba todas las noches y tenía la casa llena de amigos, no era fácil dormir, pero aun así llegó la oportunidad de tener un segundo empleo: mi amado trabajo, donde permanecí veintisiete años. Allí trabajaba por las noches, de cinco de la tarde a medianoche: mi gran escape de casa.

Mojave también me enseñó algo valioso: que incluso en medio del dolor y la incertidumbre, siempre hay una fuerza que nos empuja a levantarnos. Esa fuerza no venía de afuera, no dependía de mi padre, de mi familia ni de nadie más... estaba dentro de mí.

Cada golpe, cada lágrima, cada silencio que guardaba me fue forjando como mujer. Poco a poco descubrí que no importa cuán dura sea la vida, siempre se puede aprender, siempre se puede resistir, siempre se puede avanzar.

Ese fue el precio de mi libertad: perder mi infancia, pero ganar una fortaleza que, aunque entonces no lo sabía, me acompañaría para siempre.

Ese día confirmé que los sueños pesan más que el miedo. Que aunque todo parezca en contra, cuando una decisión nace desde el corazón, nada puede detenerla.

No fue fácil. Me temblaban las manos, me dolía el alma por dejar a mi madre y por enfrentar a mi padre en silencio. Pero también sentía que estaba eligiendo la libertad, el derecho a soñar con una vida distinta.

Queridos lectores, si alguna vez se han sentido atrapados en una situación que parece inamovible, quiero que recuerden esto: siempre existe un plan B, siempre hay una salida, siempre hay un camino nuevo que se puede elegir. No importa cuán joven, cuán cansados o solos se sientan dentro de ustedes hay una fuerza esperando a que se atrevan a usarla.

Ese día no solo salí de mi casa. Ese día comencé a salir de mis miedos.

3

NUEVO COMIENZO EN NORTH HOLLYWOOD

Justo en un tiempo en que había tomado la decisión de comenzar de nuevo, se me dio la oportunidad de vivir con mi familia en su casa. Y como la vida siempre tiene sorpresas, un día ella decidió que nos mudáramos de Mojave a North Hollywood.

¡Imagínate mi emoción! Yo no lo pensé dos veces: estaba feliz de acompañarla. En cuestión de días ya estábamos instaladas en esa ciudad, tan cerca de Los Ángeles, tan llena de movimiento, de sueños y de oportunidades.

Era como pasar de un desierto silencioso a una ciudad encendida de luces, donde cada calle parecía prometer un nuevo comienzo.

Mi familiar y yo nos acoplábamos muy bien a pesar de la diferencia de edad. Ella tenía su forma de ver la vida y yo la mía, pero nos entendíamos. A veces no comprendía muchas cosas, pero hoy sé que todo era parte de mi destino, para que un día yo pudiera estar aquí escribiéndote este libro.

Ese cambio me dio la sensación de que podía reinventarme una vez más, que los golpes del pasado no me habían derrotado, sino preparado. Fue así como llegamos a una nueva ciudad… listas para comenzar de nuevo.

Agradezco cada etapa vivida, porque en todas ellas el Señor ha estado guiando mis pasos. Incluso en los momentos difíciles, su mano me sostuvo y me mostró que cada experiencia tenía un propósito divino para fortalecer mi fe y mi corazón.

Tenía apenas 17 años cuando me encontraba viviendo en una nueva ciudad. Ya había aprendido a convertirme en mi propia fuerza. Salí de inmediato en busca de trabajo y, claro, encontré. Sin duda mi Dios siempre me acompañaba, aunque yo aún no lo conocía.

Una madrugada tras otra me levantaba a las 3:00 a. m. para ir caminando a mi trabajo en un shop de donuts que me dio la oportunidad. Mi turno era por la mañana: preparar el café, el té y abrir el local a las 5:00 a. m. Aún recuerdo el miedo que sentía en la oscuridad, al caminar por esas calles solas de madrugada; era un área fea, pero también recuerdo la determinación: yo quería salir adelante, no importaba cómo.

Hoy miro a mi hijo, que tiene diecisiete años, y me pregunto: ¿cómo lo logré? Porque ahora entiendo que, a esa edad, uno sigue siendo un niño… pero yo no tuve opción, tuve que madurar antes de tiempo, como una flor obligada a abrirse en invierno.

Fue en esa etapa que sucedió algo inolvidable: mi primer carro. Un vecino me vendió un Mustang blanco —no recuerdo el año exacto—, pero para mí fue una joya, un símbolo de libertad, un pedacito de esperanza con motor propio. Ese carro me permitió moverme, soñar y sentir que la vida podía mejorar.

Días después, no sé cómo, pero conseguí un segundo empleo, por las tardes, de cajera en una tienda de varias cosas que llevaba por nombre *Pic 'N' Save* ya estaba acostumbrada a tener dos trabajos; te recuerdo que en Mojave ya lo hacía, trabajaba doble turno.

No entiendo qué era exactamente: tal vez necesitaba mantenerme ocupada; no lo logro comprender.

Sin embargo, no todo era alegría. En medio de mi esfuerzo, una tarde, visitando a una gran amiga de mi prima en la misma ciudad, North Hollywood, conocí a un muchacho que parecía bueno.

Sabes las ganas que yo tenía de que alguien me dijera: "Te quiero, eres importante para mí". Le abrí mi corazón, pensando que tal vez ahí encontraría comprensión.

Pero pronto descubrí que todo era mentira. Después de varios meses de compartir con él entre sus familiares, amistades y mi familia, y de creer que todo era bonito, se fue a México, se casó y lo peor no fue perderlo, sino escuchar las críticas de los conocidos.

Ellos —pienso yo, sin mala intención— platicaban de él, de su boda, de su futura esposa: "¿Sabes que él se fue a casar?".

Esas pláticas y comentarios me dolían más que el engaño mismo. Aprendí a sonreír y callar, aunque por dentro me desangrara.

Él, para mí, era una esperanza de algo bonito que yo deseaba tener. Siempre fui una niña/muchacha muy abierta, muy capaz e inteligente. Estoy segura de que, si apenas me estuvieras conociendo, solo verías a una Camila que no demostraba su dolor ni el daño en su corazón; mirarías a una Camila trabajadora, sonriente y siempre dispuesta a apoyar.

Me metía en cada "rollo" —mi palabra favorita de mi Tijuana— por no saber decir *no*, por apoyar a otros.

Aun no entiendo cómo los muchachos se iban a casar a México sin tener novia allá, sin conocer a la persona: conocerla en unas vacaciones y ya dejarla "pedida" para en unos meses convertirla en su esposa. O en ocasiones casados al civil, y después ya casarse por la iglesia. No sé, jamás lo entenderé.

Me refiero a diferentes partes de México. Por ejemplo, este muchacho era de Durango. Pero en Mojave vi mucho eso con compañeros de trabajo; nunca lo he logrado comprender.

Unos meses después, mi Pariente, con quien vivía en North Hollywood, decidió regresar a mi hermoso Mojave. Sorpresa me llevé: salí de trabajar, llegué a casa y la puerta estaba cerrada; mi llave ya no abría la puerta.

¡Auch! Difícil para mí, porque mi día comenzaba a las 3:00

a. m. y yo solo quería llegar a descansar.

Recuerdo que me gustaba dormir en el clóset, en el suelo. Sentía que ahí lo oscuro me ayudaba a descansar y no sé por qué, pero era mi lugar favorito.

Hoy, después de tanto apoyo que he buscado para sanar, un comentario en una terapia fue que tal vez me sentía envuelta en una oscuridad tremenda y ahí sentía que me correspondía estar, porque se acoplaba con lo que mi corazón llevaba dentro.

Y ahí comenzó el cambio de ciudad. Gracias a Dios, ya tenía mi carrito y ahí voy de regreso a Mojave. ¿A dónde crees?

Al mismo lugar de donde había logrado salir: a la casa de la persona que me recogió del tren y con la que aprendí tanto. Aunque yo sabía que regresaba a la misma vida, no tenía opción. Tremendo error una vez más, pero no había otra. Solo tenía diecisiete años y se me hacía muy difícil: no podía rentar yo sola, no tenía la edad. Ya lo había intentado; ocupaba alguien mayor de edad a mi lado.

Pero tuve la suerte de que una tía de él me abrió las puertas de su casa y nos rentó un cuartito. Primero teníamos una camita en la sala y después nos brindaron un cuarto. Ahí las cosas cambiaron un poco: yo le ponía atención a lo rico que cocinaba, él respetaba mucho a sus tíos. Seguía tomando, pero se acabaron los golpes. Gracias, Dios. Y al fin llegó lo que tanto esperé: cumplir años, mis dieciocho.

Al cumplir la mayoría de edad, todo empezó a cambiar. Una señora hermosa, gran amiga, esposa de mi tío político —en paz descanse—, una mujer noble que siempre vio mis batallas me ayudó a conseguir un apartamento a su nombre y al mío. Ese gesto marcó mi vida.

Por primera vez, tuve mi propio espacio, mi carrito y mis dos trabajos. Porque sí, regresé a mi amado trabajo, el que duró veintisiete años, y al restaurante llamado White Café. Unos meses después lo cerraron y abrieron un Denny's, y fue así como comenzó mi carrera en Denny's.

Y justo en ese tiempo, el muchacho al que tantas oportunidades le di, que me trataba como trapo viejo, y mi falta de conocimiento, mi miedo al futuro y al "qué dirán", decidió irse de Mojave. Porque se dio cuenta de que se había enamorado de mí, y ya era tarde, muy tarde, al darse cuenta: yo jamás volvería con él; se le acabó su tiempo y sus oportunidades... por necesidad mía.

Antes de irse, se fue a despedir de mí y recuerdo que me llevó un regalo: un león de peluche. Él sabía que los regalos, los detalles, yo los conservaba con amor. Con ese león de peluche dormí por años; incluso viajaba con él. Sé que muchos conocidos y compañeros de trabajo lo van a recordar.

En una ocasión, mi amigo, mi hermano Arturo, y yo salimos a un paseo con todos los gerentes de la compañía. Me vacilaban; llegamos a una cabaña donde nos quedamos, estaba construida sobre un río, y jugando me quitaron el león.

De tan viejo y feo que estaba, se lo aventaban entre los compañeros y yo sentía que se les iba a caer al río. Para ellos era una vacilada que yo les dijera: "No, regrésenmelo". No recuerdo qué más, pero seguían tirándose el león.

Ahí me di cuenta de que tenía que soltar mi pasado. Ese león me había dañado; lo cuidaba tanto, era tan especial, pero no sé si me recordaba el dolor o me daba fuerza. Después de ese viaje lo tiré. Fue como si la vida me dijera: "Ya basta, ahora te toca a ti".

Trabajar en Wendy's se convirtió en mi gran escuela. Pasé de cajera a supervisora de turno, luego a asistente del manejador. Aprendí contabilidad, administración y liderazgo. Descubrí que el esfuerzo diario siempre trae recompensa. Y aunque mi inglés no era perfecto, poco a poco lo dominé.

Pero no solo Wendy's me formó; también Denny's. Durante siete años trabajé doble turno, sirviendo mesas con pasión, aprendiendo a tratar a las personas, perfeccionando mi disciplina. Era agotador, sí, pero cada día me demostraba que podía con más de lo que imaginaba.

Y entonces, como un regalo inesperado, apareció: el joven más admirado del pueblo. Dirás: "Camila, *otro*...". Si no te cuento la verdad, no entenderás el motivo de este mensaje de fortaleza y fuerza para miles de lectoras y lectores. Se perdería el único motivo por el cual fue escrito: apoyar a que no más mujeres pasen por lo mismo, y recordar que todo se vale, pero nada vale más que uno mismo.

Te cuento: era educado, respetuoso, detallista. Me invitó a salir y lo pensé mucho. Otra gran amiga, a quien amo mucho a pesar de la distancia, entre nuestras hermosas pláticas no podía creer que a mí me invitara a salir ese muchacho.

En especial no por mi físico. Yo siempre he tenido claro que, desde chica, fui una niña bonita, tal vez no sabía lucir mi físico, pero el problema era mi inseguridad. Sin embargo, pasaron los días, trabajábamos juntos y ahí comenzó una relación hermosa que, por un tiempo, borró las cicatrices del pasado.

Me trataba como una dama, me llenaba de cartitas de amor, flores y palabras que nunca había escuchado.

Yo sabía que en "el pueblo" —así le decimos a mi hermoso Mojave, ese pueblito que me vio llegar a este país, USA— se hablaba mucho de mí.

Triste, porque nadie podía ver lo que yo luchaba cada día. Qué triste que mucha gente no se dé la oportunidad de conocer a las personas y ya esté hablando de ellas: triste realidad.

Pero él descubrió con sus propios ojos que mi vida era simple: trabajar, apoyar a mi familia y estudiar mis manuales de Wendy's. Me admiraba por eso. Incluso recuerdo que, cuando recibí mi primer uniforme de *Shift Manager*, me envió un ramo enorme de rosas con una tarjeta que decía: "Estoy orgulloso de ti".

Qué detalle más hermoso, nunca antes recibido. Eso me hizo no parar. Yo sentía que tal vez él pensaba que yo saldría adelante y su familia me aceptaría. No sé, solo pensamientos locos que pasaban por mi mente: que se darían cuenta de lo que en realidad llevaba en mi corazón y en mi ser, y no de lo que la gente opinaba. Ese detalle fue el principio de muchas metas y me ayudó a descubrir mi gran propósito.

Pero, como ya lo había aprendido en carne propia, la vida a veces da giros dolorosos. Y este giro también dolió y dejó huella para siempre.

Se fue de vacaciones con su mamá a México (Michoacán) y, días después, me enteré —entre burlas— de que se había casado. Cuando regresó, fue él mismo quien me lo confirmó: lo había hecho por respeto a su mamá, según me comentó.

Te imaginas lo que sentía por dentro… cómo dolió una pérdida más.

Una vez más, las risas de los demás quisieron romperme. Te cuento: trabajábamos juntos, eso lo hacía todo más difícil. El pueblo era tan pequeño que la gente el mismo día se enteraba de todo. Pero yo sonreí, guardé mi dolor y seguí adelante.

Por muchos años guardé también sus regalos, sus cartas y sus fotos. Hoy entiendo que fueron herramientas para llegar a donde estoy hoy: a la Camila diferente. Porque ya había entendido que mi valor no dependía de lo que otros decidieran, sino de lo que yo construyera con mis propias manos.

4

TRANSFORMANDO EL DOLOR EN HERRAMIENTAS

El dolor puede hundirte… o puede enseñarte a construir. Yo elegí lo segundo. Construir a una Camila fuerte, distinta, con valores que antes no conocía. No voy a mentirte: hubo días en que sentí que no podía más, que las burlas, los golpes y los rechazos me habían robado la fuerza. Pero fue justo ahí, en mis noches más largas y silenciosas, donde descubrí que los tropiezos pueden convertirse en herramientas, y que incluso el polvo de las ruinas puede servir para levantar un nuevo hogar.

Hubo madrugadas en North Hollywood en las que me levantaba a las tres de la mañana para caminar sola hacia mi trabajo. El aire era frío y las sombras parecían observarme. Tenía miedo, sí, pero mi deseo de salir adelante era más grande que cualquier temor. Cada paso en la oscuridad era una promesa que le hacía a mi futuro: *no volveré a caer, no volveré a depender de nadie.*

La disciplina me dio lo que nadie más me había dado: independencia. Aprendí que, aunque el cansancio me doblara los hombros, mi constancia podía enderezar mi destino. Comprendí que la tristeza no se combate con lágrimas, sino con propósito. Y cada amanecer, mientras el aroma del café llenaba el local, yo sentía que Dios me estaba enseñando a comenzar de nuevo.

Con el tiempo, entendí también el poder del perdón. Años después, el hombre que me golpeó me pidió disculpas. Lo miré a los ojos y lo perdoné. No porque mereciera mi perdón, sino porque yo merecía paz. Aprendí que cargar rencor es como beber veneno esperando que el otro muera. Liberar el alma del odio fue el regalo más grande que pude darme. Fue como abrir una ventana y dejar que entrara el sol después de una tormenta larga y amarga.

La vida me demostró que no hacen falta títulos para ser grande. Aunque no tuve estudios formales, aproveché cada curso que Wendy's me ofreció. Pasé de cajera a asistente, aprendí contabilidad, liderazgo y servicio al cliente. Cada aprendizaje era una llave que abría una puerta distinta. Comprendí que el conocimiento es un pasaporte, y que quien aprende siempre tiene un destino al que llegar.

También descubrí que creer en una misma es la fe más poderosa. Nadie creía en mí: ni mi padre, ni la gente del pueblo, ni aquellos que se burlaban de mis fracasos amorosos. Pero un día decidí que la única voz que escucharía sería la mía. Y esa voz me gritó con fuerza: *"¡Sí puedes, Camila!"* Desde entonces, supe que cada vez que el mundo me cerrara una puerta, mi determinación construiría otra.

No importa de dónde vengas, sino hacia dónde decides caminar. Si yo, con tantas caídas, aprendí a usar mi dolor como herramientas, tú también puedes hacerlo.

Fue así como dejé de creer en el amor. A mis veinte años llegué a detestar a los hombres. Ya no me importaba lo que dijera la gente. Salía con amigas, bailaba hasta que el cuerpo se me cansaba y el alma se me aliviaba.

Me fascinaba la banda, me fascinaba la música que contaba historias parecidas a la mía. Hasta hoy, quienes me conocen saben cuál es mi grupo favorito: Los Tigres del Norte. Sus letras me atravesaban el corazón como si fueran mías, y todavía las escucho con la misma pasión. Para estas fechas, llevo veinticuatro conciertos, y cada uno lo vivo como si fuera el primero.

Leonardo's, en Lancaster, era mi segunda casa: aquel salón de baile donde, cada fin de semana, me perdía entre la música, las luces y las risas de mis amigas. Trabajaba en dos empleos y me desvelaba seguido. La niña que se había convertido en mujer demasiado pronto ya no se valoraba a sí misma.

Lo único que sabía hacer a la perfección era trabajar, trabajar y trabajar.

Los comentarios en el pueblo eran muchos. Todos hablaban, todos opinaban. Pero a mí ya no me importaba. El daño era profundo, y yo intentaba arrancarlo de raíz con fiestas, con risas fingidas y con jornadas que me dejaban sin aliento. Me creía libre, pero solo estaba escapando de mí misma.

Hasta que un día todo cambió. Pasó algo que parecía increíble, como una jugada irónica del destino. ¿Recuerdas aquel primer novio de mi infancia, el que me dejó esperando en la fiesta del hermano de mi cuñada? Pues volvió a buscarme. Llegó a casa de mamá. La soledad, el dolor y ese amor nunca olvidado se encontraron de golpe, como si los años no hubieran pasado.

Cuando lo vi, mi vida se detuvo. Me pidió que me lo llevara conmigo a Mojave. Y yo, ilusionada, pensé: "Al fin, algo mío, algo que nadie me podrá quitar." Junté dinero, lo apoyé y logré traerlo conmigo. Para entonces ya tenía mi primer carro del año, era asistente de manejadora en Wendy's y vivía en mi propio apartamento. Todo parecía encaminarse al fin hacia la felicidad que tanto había esperado.

Pero la felicidad me duró solo tres meses. Jamás olvidaré aquel día. Estábamos sentados en el suelo de la pequeña cocina cuando me dijo, con voz temblorosa:

—Güerita, tenemos que hablar.

Yo, ingenua, esperé cualquier cosa menos lo que escuché.

—Tú te viniste a Estados Unidos y cuando regresé a buscarte ya no estabas. Me fui de aquella fiesta porque me golpearon y terminé en el hospital. Las personas que me mandaron llamar eran las que me hicieron salir. Por eso te dejé... te recordé cada día, pero cuando salí te busqué y ya no estabas.

Yo no podía dejar de llorar. Tal vez, si me hubiera quedado en Tijuana, ahora estaría con él. Tal vez nos habríamos casado. No sé... éramos tan jóvenes. Pero el destino tenía otros planes.

Y entonces confesó lo impensable: que había hablado con su hermana, que la novia que había dejado en su tierra natal estaba embarazada. Justo los tres meses que llevaba conmigo, ella tenía de embarazo y esperaba un hijo suyo.

Mi mundo se vino abajo. Todo lo que había anhelado, todo lo que había soñado, se rompió en mil pedazos.

—Te amo —me dijo—. Regresaré. Veré qué puedo hacer.

Pero yo le respondí entre lágrimas: —No... tú vas a ser papá. Tienes que irte.

Ese mismo día pedí a mis tíos que lo llevaran a la estación del autobús. Y así se fue. Se fue mi vida, una vez más. El dolor fue insoportable. Dejé de trabajar, algo que nunca antes me había ocurrido. No sabía si me dolía más el alma, el cuerpo o el corazón, pero todo en mí estaba vacío. Caí en un abismo.

Cometí el error más grande de mi vida: me refugié en las drogas. No me di cuenta cómo. Fue tan fácil caer, tan fácil adormecer el dolor. En ese mundo nada dolía, todo parecía normal, todo se borraba. En mi familia aquello era parte del paisaje; a mis hermanos los llamaban drogadictos. Yo era simplemente una más. Ésa fue mi triste realidad.

Entonces apareció mi hermosa amiga —ella sabe que la amo—. Se mudó a mi apartamento y me apoyó como una hermana.

Estaba embarazada, y juntas esperamos con ilusión a ese bebé que llenó mi corazón de ternura. Era mi sobrino del alma. Con su llegada logré curar un pedazo de mis heridas y luchar, a solas, contra un vicio difícil de vencer. No fue fácil, pero lo logré.

Al poco tiempo, mi hermosa amiga también se fue, junto a su familia, a Carolina del Norte. Y yo me quedé sola otra vez… para variar. Fue entonces cuando la vida volvió a poner una puerta frente a mí. Me ofrecieron un ascenso en Wendy's, pero para aceptarlo debía mudarme a un lugar llamado Bakersfield. No lo dudé. Tomé la oportunidad, empaqué mis recuerdos, y con el corazón remendado por tantas batallas, me dije a mí misma: "Camila, esta vez no huyas del dolor… conviértelo en alas."

Y así me fui. Dejé atrás Mojave, los amores rotos, las cicatrices y las sombras. Me fui buscando una versión de mí que aún no conocía, una Camila que aprendió —a fuerza de lágrimas— que incluso del dolor más profundo pueden brotar flores.

5

CAMBIO DE CIUDAD MI VIDA EN DELANO

"Los grandes cambios no llegan cuando estamos listos; llegan cuando la vida decide que ya es hora de crecer."

Cuando Wendy's me ofreció la oportunidad de un puesto más alto, después de varios años trabajando con ellos, no lo dudé: acepté el reto. Me enviaron a apoyar el restaurante de Delano.

A simple vista parecía una ciudad tranquila, casi dormida entre campos dorados y cielos inmensos, pero para mí representaba un desafío enorme: liderar, crecer y demostrar de qué estaba hecha.

Unos días antes había conocido a una persona clave en mi vida profesional, a quien llamo hasta hoy mi "amigo-hermano".

Él confiaba en mí, pero también sabía exigir. Trabajar bajo su administración fue, al mismo tiempo, lo más difícil y lo más enriquecedor que podía haberme pasado. Era un hombre responsable, inteligente, lleno de propósito, que impulsaba a su equipo a tener metas claras. Con él no había excusas; solo resultados. Y eso me enseñó a dar lo mejor de mí, a brillar con hechos, no con palabras.

Manejar un restaurante no era tarea sencilla. Tuve que aprender a dominar el inglés con seguridad, a llevar la contabilidad, a capacitar y dirigir a un grupo de personas de distintas culturas y edades. Cada día parecía un examen, pero dentro de mí algo se encendió: un fuego que me recordaba que todo lo que parecía imposible podía hacerse realidad con esfuerzo. Descubrí que el liderazgo no consiste en mandar, sino en inspirar; no en imponer, sino en guiar con el ejemplo. Aprendí que el respeto no se exige, se gana, y que el trabajo bien hecho siempre tiene su recompensa.

Delano me dejó llena de recuerdos hermosos, pero también de pruebas profundas. Fue allí donde Dios me regaló algo que transformó mi vida para siempre: el milagro más grande que un corazón puede recibir. Delano me dio a mi hija, mi tesoro, mi Esmeralda Ruby.

Al año de vivir en esa ciudad, me ascendieron a gerente y me enviaron a Bakersfield. Manejaba cuarenta minutos cada día entre ambos pueblos, y aunque el trayecto era largo, lo hacía con orgullo, sabiendo que estaba cumpliendo mis sueños.

En Bakersfield duré menos de un año antes de regresar a Delano, ya como gerente oficial. Ese restaurante fue un éxito total: rompimos récords de ventas, formamos un equipo fuerte y comprobé que era competente, capaz, una mujer que valía. La misma muchacha que alguna vez pensó que no servía para nada, ahora lideraba con firmeza y confianza.

Pero la vida, con su forma misteriosa de enseñar, volvió a dar un giro. Me enviaron nuevamente a Bakersfield para dirigir otro restaurante, y allí conocí a una persona que marcaría otro capítulo de mi historia: mi amada comadre, madrina de Esmeralda Ruby. Juntas hicimos un gran equipo; ella me acompañó como amiga, consejera y hermana del alma.

Tres meses después, una tarde cualquiera, me miró con ternura y me dijo: —Camila, tus ojos están brillosos… creo que estás embarazada.

Sus palabras me desarmaron. Era un regalo de vida, un regalo del cielo. Compré una prueba, y sí… era positivo. No puedo contarte todos los detalles por respeto y amor a mi hija, pero sí puedo decirte que, aunque mi carrera apenas despegaba, la vida me puso de rodillas.

Me quedé sin carro, sin muebles, sin casa… y mi hija sin padre. Pero dentro de mí llevaba lo más valioso: la promesa de su vida, un pedacito de cielo que pronto tendría entre mis brazos.

Mi querida comadre me abrió las puertas de su hogar. Allí encontré refugio, pero también descubrí algo mayor: me llevó a conocer a Dios. Los domingos me invitaba a la iglesia, y poco a poco comprendí que mi fuerza no venía solo de mí, sino de lo alto.

El día que nació Esmeralda Ruby jamás lo olvidaré. Justo cuando en la iglesia comenzaban a rezar el Padre Nuestro, me llegaron los dolores de parto. Fue como si Dios mismo anunciara la llegada de la bendición más grande de mi vida. Y Justo en ese instante la persona sentada a mi lado paso a ser una de mis grandes amigas que amo hasta el día de hoy mis hijos la llaman tía porque ese respeto se lo gano. Estuvo al pendiente desde ese instante hasta el día de hoy.

Esmeralda fue una niña hermosa, con esos ojos verdes que parecían guardar dentro el reflejo del cielo. Aunque lloraba mucho, para mí era perfecta, un regalo divino. Tenerla sola no fue fácil; sacarla adelante tampoco, pero no fue imposible.

Apenas cuatro semanas después de su nacimiento regresé a trabajar. Algunos decían que era una adicta al trabajo, pero la verdad era otra: se llamaba necesidad. Lo que recibía por estar deshabilitada no alcanzaba para mantener a una bebé recién nacida.

Gracias a Dios tuve el apoyo de su madrina y encontré quien la cuidara en Delano, aquel pueblo que ya era parte de mi historia. Todos los días la llevaba y la recogía; eran días largos, madrugadas frías, kilómetros recorridos con fe. Entraba a trabajar a las cinco de la mañana, lo que significaba levantarme a las dos y media.

Valía la pena cada desvelo, cada hora sin dormir, cada milla. Hoy, cuando pienso cómo lo logré, solo puedo decir una cosa: Dios siempre estuvo conmigo.

Esmeralda Ruby creció en un ambiente limpio, lleno del amor de Dios. Poco a poco fui aprendiendo a disfrutar los pequeños momentos: arreglarme para ir a misa, maquillarme un poco, ponerme aretes, usar tacones, sentirme viva. Mi amada amiga, en tan poco tiempo, me enseñó tanto. Fue hermoso sentirme mujer, y poco a poco mi vida tomó otro rumbo, uno que parecía perfecto.

Los logros en Wendy's se multiplicaban. Me enfoqué en hacer de cada restaurante que dirigía el número uno. Entrenaba equipos, escuchaba a mis empleados, y los clientes regresaban no solo por la comida, sino por el ambiente, por el cariño con que los atendíamos.

Cada año, en las conferencias, escuchaba mi nombre entre los primeros lugares. Gané premios, reconocimientos y medallas, pero ninguno tan grande como la satisfacción de haber vencido las limitaciones que me impusieron desde niña.

A veces pienso que cada trofeo era mi manera de decirle a mi padre, allá donde esté: "Mira, papá… lo logré."

Tal vez él me negó los estudios, pero Dios me dio una escuela más grande: la de la vida. Sin más educación que seis años de primaria, sin títulos ni papeles, logré dirigir equipos, administrar empresas y conquistar el respeto de muchos. Ese fue mi triunfo, mi revancha… pero no contra nadie, sino conmigo misma.

Sin embargo, en medio de tantos logros, algo comenzó a quebrarse. Trabajaba tanto que el tiempo se me escapaba entre los dedos. Mi hija no creció conmigo; el poco tiempo que teníamos lo hacía con amor, pero también con culpa. Muchas veces la llevaba conmigo al restaurante, creyendo que estar juntas, aunque fuera entre mesas y bandejas, bastaba para compensar mis ausencias.

Bakersfield me dio éxitos, Una Familia sí, pero también sombras. Fue en esos años cuando la depresión entró en mi vida como un ladrón silencioso. No sé en qué momento me derrumbé.

Solo recuerdo esconderme en el clóset, llorar sin consuelo, sentir que mi mente se apagaba poco a poco. Los médicos me atendían, pero no tenían respuestas. Ocho meses incapacitada, viviendo en un mundo ajeno, sin fuerzas, sin rumbo.

Mientras yo me desmoronaba, muchos desaparecieron. Amistades, compañeros, incluso familiares se alejaron. Aprendí una lección dura: nunca dejes sola a la persona que un día te tendió la mano. Fui olvidada por aquellos a quienes más ayudé, y entendí que había pasado la vida entera resolviendo los problemas de todos, menos los míos.

Cuando ya no quedaba fuerza, cuando la inteligencia no bastaba, tomé una decisión: volver a Tijuana con mi hija.

El regreso fue un viaje entre lágrimas y esperanza. No era la misma muchacha que un día partió llena de ilusiones; era una mujer marcada por la lucha, con heridas visibles e invisibles. Tijuana me recibió con su olor a polvo y su aire conocido. Las calles que me vieron crecer ahora me miraban con compasión. Había regresado con las manos vacías, pero con el alma dispuesta a recomenzar.

Y fue ahí donde Dios me mostró, una vez más, su misericordia.

Caminando un día con mi ex cuñada hacia una pequeña tienda, pasamos frente a una yerbería. Detrás del mostrador, una señora elegante, con falda y tacones, nos observó con atención. Al pasar frente a ella nos saludó, y luego, con voz firme, me dijo:

—Muchacha, te estaba esperando.

Me sorprendí. Me señalé a mí misma, incrédula.

—¿A mí?

—Sí, a ti —respondió—. Pásale, necesito hablar contigo.

Sin saber por qué, entré. Aquel lugar olía a hierbas y misterio. Me dijo que venía mal, que mi energía estaba apagada, y que debía ayudarme. No me cobró ni un centavo.

Dudé, pero sus palabras eran tan ciertas que me estremecí. Hablaba de cosas que nadie sabía, de dolores que nunca había contado.

Fui tres veces. Y no sé cómo explicarlo, pero algo en mí cambió. Fue como si Dios me enviara un ángel con un delantal verde y manos cálidas.

Gracias a su apoyo, encontré paz. Aprendí que la ayuda sincera no siempre viene de donde esperamos, sino de corazones dispuestos a dar sin esperar nada a cambio. Esa mujer me recordó que todavía hay bondad en este mundo. Lo más interesante que yo no sé qué Asia conmigo cuando la visitaba porque yo cerraba los ojos solo sé que sane cuando justo ella me dijo quién me hizo tanto daño y donde estaba el daño que me habían hecho, la puñalada más dolorosa sin duda venia de un familiar super cercano, que hoy le pido a dios la proteja le regale abundancia y prosperidad para que no siga haciendo daño y que se dé cuenta que la envidia es mala y nunca podrá con la fuerza de Dios. Zero rencor en mi corazón.

Con el tiempo, logré terminar la casa de mis padres y cumplir el sueño que me había prometido de niña: comprarle una traquita a mi amado padre.

Recuerdo su sonrisa cuando se la entregué; en sus ojos vi el reflejo de mi esfuerzo convertido en amor. Pero yo sabía que Tijuana no sería mi destino final. Mi mundo, mis posibilidades, seguían al otro lado de la frontera.

Partir de nuevo fue difícil. La señora de la yerbería me despidió con palabras que aún guardo:

—Ve con fe. Lo que aprendiste aquí te servirá donde vayas. No te olvides de orar.

Empaqué mis pocas cosas, pero también mis muchas lecciones. Dejé lágrimas, miedos y parte de mi dolor. Crucé la frontera con el alma renovada y con la certeza de que esta vez, mi fe sería mi brújula.

Los primeros meses en Estados Unidos fueron duros, pero también luminosos.

Trabajé más de lo que creí posible, pero cada jornada me recordaba que aún tenía un propósito. En los días de cansancio recordaba a aquella mujer y sus palabras, y oraba.

Sentía que, aunque no la volviera a ver, sus bendiciones seguían caminando conmigo.

Hoy, al mirar atrás, sé que cada persona que Dios puso en mi camino fue un ángel con rostro humano.

Algunos llegaron para quedarse; otros solo por un instante. Pero todos me dejaron algo. Y cada prueba que viví fue una semilla de fortaleza plantada en mi alma.

Agradezco a Dios, a la vida y a cada corazón que me ayudó a levantarme. Porque de eso se trata: de caer, de llorar, de sanar, y de volver a caminar con la frente en alto.

Y así, con la fe como escudo y el amor de mi hija como motor, regresé al país donde todo comenzó, lista para reconstruirme una vez más, con las manos llenas de cicatrices… y el corazón lleno de esperanza.

6

DE TIJUANA A LANCASTER CA

Al llegar a Lancaster con mi amada hija, rentamos un apartamento que, en cuestión de semanas, parecía una casa modelo. Uno de mis secretos —que tal vez no se note a simple vista— es mi pasión por la decoración interior. Me gusta que todo combine: el color de mi habitación con la sala, y la sala con el resto del hogar. Así, entre detalles, aromas y amor, logramos construir un refugio cálido, lleno de armonía y vida.

También regresé a trabajar en Wendy's, esta vez como gerente. Antes de mudarme, llamé a mi amigo-hermano —a quien amo con el alma y agradezco a Dios haber puesto en mi camino—. Su ejemplo ha sido un legado que transformó mi manera de ver la vida. Le pedí ayuda para conseguir empleo en esta ciudad, porque no quería regresar al lugar donde tanto sufrí ni revivir una de las etapas más duras de mi existencia. Sin dudarlo, me compartió los planes de la compañía y me ofreció ser parte de ellos. ¡Excelente! Otra oportunidad para levantarme.

Comencé a trabajar, aunque no fue fácil. Había pasado ocho meses entre medicamentos, terapias y un desgaste físico y mental profundo. Solo Dios sabe de dónde saqué las fuerzas para volver a ponerme en pie. En ese tiempo descubrí algo que cambiaría mi vida para siempre: **leer**.

Leer se volvió mi refugio, mi compañía silenciosa y fiel. Todo comenzó con el libro de una exconductora de televisión cuya historia, herramientas y testimonio me conmovieron hasta el alma. Aquel libro fue un arma poderosa para reconstruirme, una semilla que germinó justo cuando más lo necesitaba.

Mi horario era nocturno, entrenando personal para la apertura de un restaurante nuevo. Fue una etapa exigente, no por el trabajo en sí, sino porque regresé bajo el mando de una persona a quien siempre bendeciré. Ella me dio la primera oportunidad en mi carrera, y aunque su trato no fue el más justo, jamás olvidaré que fue un instrumento clave en mi formación.

El precio de haber llegado a su mismo nivel fue alto. Yo respetaba su puesto, su conocimiento y su experiencia, pero ya había demostrado mi capacidad: durante años dirigí restaurantes exitosos, posicionados entre los mejores de la industria. Mi desempeño hablaba por mí, aunque a veces su actitud intentara opacarlo.

Tenía el turno de la noche; ella, el del día. Y durante toda la apertura jamás me permitió cubrir una jornada diurna. ¿Sabes lo que eso significaba? No ver a mi hija. Trabajaba todos los días de tres de la tarde a una o dos de la mañana. Daba lo mejor de mí, cuidaba cada detalle, y aun así siempre encontraba algo que criticar. Hasta hoy no comprendo por qué. No conozco la envidia, pero sé que los celos detienen el crecimiento de quien los siente, porque en lugar de avanzar, se enfoca en vigilar al otro.

Mientras tanto, mi pequeña Esmeralda, de apenas siete años, caminaba sola por un lote baldío para llegar a casa de la muchacha que la cuidaba. Yo ya estaba en el trabajo y nadie podía recogerla.

Llevaba un celular diminuto, y aún escucho su voz temblorosa al otro lado de la línea:

—Mamá, ya voy... mamá, me da miedo... mamá, parece que alguien viene detrás de mí.

No hay palabras que describan la angustia de una madre que escucha eso sin poder correr a abrazar a su hija.

"Confía en el Señor con todo tu corazón y no te apoyes en tu propia prudencia. Reconócelo en todos tus caminos y

Él enderezará tus veredas." Proverbios 3:5-6

El tiempo pasó, y gracias a Dios, fui asignada como administradora en un restaurante de Palmdale, California. Era un nuevo reto, y me propuse metas firmes. Con disciplina, constancia y fe, logré superarlas todas. Doblé las ventas, y fuimos reconocidos en varias categorías como uno de los mejores restaurantes del año.

¡Éxito total! Fueron tiempos de abundancia, donde la vida me sonreía, y yo caminaba con la frente en alto, sin rencor ni resentimiento, solo con gratitud y enfoque.

Junto a Esmeralda nos mudamos a una casa. Para mí era un logro; para ella, un sueño cumplido: tenía vecinas con quien jugar, un jardín para correr y, sobre todo, estabilidad. Recuerdo un sábado cualquiera: por costumbre, ella me acompañaba al restaurante. Le encantaba ayudar, limpiar mesas, saludar a los clientes o vestirse de la monita Wendy para regalar globos a los niños. Para mí era una forma de compartir tiempo con ella; para ella, una fiesta.

Yo solo deseaba algo: que nunca perdiera su niñez, que viviera lo que a mí me fue negado.

El poco tiempo libre lo convertíamos en momentos memorables: San Valentín con flores y chocolates en su escuela, tardes en el parque comiendo sobre una cobija, domingos de misa y restaurante.

Sé que no fui la madre perfecta, pero te aseguro que traté de darle todo lo que yo hubiera querido recibir. Lo más hermoso es que mi hija recuerda cada una de esas etapas con alegría.

Sin embargo, la vida tiene esa forma cruel de ponerte a prueba justo cuando crees que ya puedes respirar.

Aún lo recuerdo como si fuera ayer. Era sábado, después de un turno de diez horas. Veníamos felices hacia casa, riendo en el carro.

Al doblar en la esquina, vi llamaradas iluminando el cielo.

—Baby, se está quemando una casa —le dije asustada. —No, mamá... es nuestra casa.

El mundo se me vino abajo. Todo lo que habíamos construido estaba ardiendo ante nuestros ojos. Ver el rostro de mi hija, llorando por sus cosas, dolía más que ver las llamas devorar las paredes.

Y, sin embargo, entre las cenizas ocurrió un milagro. Todo se había perdido... menos dos cosas: un Cristo que me habían regalado hacía más de veinticinco años, y una Biblia apenas ahumada.

Ese fue mi consuelo, mi señal. En medio de la destrucción, Dios seguía allí. Nos quedamos sin hogar. Dormimos esa noche en Mojave, con mi familia. No pedí ayuda, solo necesitaba un lugar donde respirar. A la mañana siguiente ya estábamos de pie: yo rumbo al trabajo, y Esmeralda a la escuela. Como si nada hubiera pasado. Pero sí había pasado: lo habíamos perdido todo.

El copago del seguro era demasiado alto, y el dinero no alcanzaba. Así que llamé a un amigo recién divorciado, padre de una niña de doce años. Le pedí quedarnos en su casa mientras resolvía la situación. Me abrió las puertas sin dudar. Fue un nuevo comienzo forzado... uno de esos golpes que te cambian la vida.

Esa etapa me transformó por completo. Sentí que volvía a empezar desde cero, pero esta vez no estaba sola. Tenía conmigo a mi hija, mi motor, mi fuerza, la razón por la que jamás podría rendirme. Cada día manejábamos desde Mojave hasta Santa Clarita: dos horas de ida y dos de regreso. Eran jornadas interminables, pero no existía otra opción.
Había que seguir.

Al poco tiempo comprendí que necesitábamos estabilidad. Inscribí a Esmeralda en la escuela de Mojave, al menos temporalmente, mientras me organizaba y buscaba otro hogar. La vida me había enseñado que, aunque el fuego lo destruya todo, siempre se puede volver a construir, y que lo que nace entre las cenizas suele brillar con más fuerza.

Después de unos meses, mi cuerpo y mi mente dijeron basta. Volvimos a nuestra casa, o más bien, a lo que quedaba de ella: paredes ennegrecidas, olor a humo y recuerdos calcinados.
Los trabajadores reconstruían el lugar, pero no podíamos vivir dentro. Dormíamos en el garaje, y muchas noches, dentro del carro. Nos bañábamos con agua fría de manguera, antes del amanecer.

Era verano, julio abrasador, y aun así yo intentaba que para mi hija todo pareciera un juego.
—Esta noche vamos a acampar, mi amor —le decía sonriendo.

Y así era. Dormíamos en el carro o bajo el cielo del desierto, viendo las luces del pueblo desde lejos. Cocinábamos algo sencillo, hablábamos, reíamos. Para ella eran noches mágicas. Para mí, eran pruebas… pero también victorias.

Querida lectora: no es fácil. Si eres madre soltera, si estás luchando por tus hijos o si la vida te ha golpeado una y otra vez, quiero que sepas que te entiendo.

También quiero decirte que sí se puede. Existen fuerzas invisibles que te levantan cuando crees que no podrás hacerlo más. Yo las vi, las sentí, y sé que tú también puedes descubrirlas. Aquella etapa fue una de las más duras de mi vida. Volví a quedarme sin nada, por tercera vez. Pero también aprendí que cuando Dios te quita todo, no es para castigarte, sino para enseñarte a renacer.

Porque lo que surge entre las cenizas… brilla más que nunca.

7

UN NUEVO COMIENZO EN SANTA CLARITA

Te cuento, querida lectora, que por aquel tiempo todavía vivíamos en Lancaster, como te lo he mencionado en capítulos anteriores. Un día me avisaron que me enviarían a Santa Clarita para apoyar durante el verano. Estaban por abrir un nuevo restaurante, y me ofrecieron la oportunidad de ser yo quien lo dirigiera: entrenar al equipo, acompañar la apertura y formar parte del proceso desde cero.

Era una gran oportunidad, pero llegó justo en medio del caos. La casa donde vivíamos se había quemado y, entre las cenizas y las lágrimas, comprendí que ya no tenía sentido quedarme ahí. Aquello fue una señal: era momento de seguir avanzando. Siempre he enseñado a mis hijos que cuando algo no funciona, hay que seguir caminando. Puedes volver a visitar con cariño a quienes te ayudaron, pero jamás regresar al lugar de donde ya fuiste liberada.

Así que decidí moverme. Después de pasar noches durmiendo en el parque, en la yarda de atrás de la casa de quedarme un tiempo en Mojave con un amigo que me ofreció su casa, de dormir en el carro o en un garaje lleno de humo, entendí que era hora de comenzar otra vez. La vida me estaba poniendo a prueba, pero también me estaba empujando hacia una nueva etapa.

Empecé a buscar casa en Santa Clarita, pero las rentas eran imposibles. Es una ciudad hermosa, turística… pero muy cara. Yo apenas estaba levantándome, y mis ahorros se habían ido en sobrevivir. Fue entonces cuando apareció alguien muy importante en mi historia: mi amigo, a quien siempre le estaré agradecida.

Recuerdo sus palabras con claridad:

—Camila, te vamos a preparar para abrir el restaurante de Santa Clarita.

Aquello me llenó de emoción y esperanza. Él creyó en mí incluso cuando yo estaba cansada y rota por dentro. Mucha gente veía mi sonrisa sin imaginar el dolor que escondía. Sonreía porque no me quedaba otra opción; porque debía seguir tocando puertas, buscando un techo, una oportunidad, una vida mejor para mi hija.

Lloré muchas veces en el carro, con el corazón hecho pedazos, cantando canciones que me ayudaban a soltar lo que no podía decir en voz alta. Tome muchas decisiones sin pensar, me equivoque muchas veces, quería ser la mejor mama, pero no lo lograba, en cada intento fracasaba a mi manera de pensar. Sentía que le corría a quien me amaba y amaba a quien me corría. Que difícil En esos momentos hablaba con Dios, aunque todavía no lo conocía como lo conozco hoy. Sabía que existía, pero no entendía la magnitud de su amor.

Hoy puedo decirte con certeza: Dios existe. Lo he visto obrar, lo he sentido tocar mi vida, levantarme, responderme. Él ha sido mi refugio, mi sostén y mi fuerza en los días donde solo quedaba fe.

Mi amigo un día platicando de lo caro que era la Vivienda en esa ciudad turística, que ya era una decisión que yo viviera en ella. me recomendó con un joven que acababa de comprar su casa y estaba rentando cuartos. Me dijo que era una buena persona y que los precios no eran tan altos si rentaba un cuarto, me convencí porque Lo conocía desde hacía años por la companía y siempre lo había admirado por su humildad y su esfuerzo. Así que lo contacté.

Cuando me mostró su casa, me sorprendió su sencillez. Había cubierto las paredes del garaje, colocado piso, y me dijo:

—Yo viviré en el garaje y rentaré los cuartos para poder pagar la casa.

Admiré su valentía. Tenía su propio sueño, su casa, y hacía lo necesario para sostenerla. Pero al verlo, sentí algo en mi corazón y le respondí:

—No te voy a sacar de tu espacio. Yo puedo vivir en el garaje.

Al principio no quería aceptarlo. Me decía:

—Camila, ¿cómo vas a vivir en el garaje? Tú eres gerente, tú no puedes vivir ahí.

Pero insistí. Ser gerente era solo un título. No me daba vergüenza; al contrario, me sentía agradecida. Y así, Esmeralda y yo nos mudamos al garaje.

Recuerdo ese lugar con ternura. Aunque era un garaje, lo convertí en un hogar. Como te conté, me gusta mucho la decoración interior. Me apasiona crear armonía, hacer que los espacios hablen. Con lo poco que tenía, lo transformé: puse un pequeño comedor, una cocinita y dividí el espacio con telas para que Esmeralda tuviera su propio rincón. Era humilde, pero se veía hermoso, cálido y lleno de amor.

Una noche fría de diciembre, el frío era insoportable. La puerta grande del garaje nunca la abríamos, solo la pequeña lateral. Esmeralda tiritaba, y sin pensarlo, nos fuimos a Walmart a medianoche para comprar un calentón. Ya no podíamos más con el frío. Y aunque no teníamos mucho, mi prioridad siempre fue que ella se sintiera segura, amada y que no perdiera la ilusión. Quería que siguiera sintiéndose una niña completa, aunque no tuviéramos casi nada. Te recuerdo: se quemó todo.

Y así, entre paredes de madera, olor a pintura fresca y una manguera que servía de ducha improvisada, comenzamos de nuevo. No era la vida perfecta, pero era nuestra vida, y la estábamos reconstruyendo con amor, fe y esperanza.

8

EL HOGAR MÁS PEQUEÑO DEL MUNDO

Una de las cosas más impactantes de aquella etapa fue ver cómo mi hija, mi hermosa niña de ojitos verdes, crecía con tanta humildad y sencillez… pero también con esos toques de elegancia que siempre traté de inculcarle. Me sentía tan orgullosa al escuchar, cada mañana, las risas de sus amiguitas tocando la puerta del garaje para irse juntas a la escuela. Esas risas eran música para mi alma; me recordaban que, a pesar de todo lo que habíamos perdido, seguíamos vivas, seguíamos soñando.

Para muchos, ese lugar no era más que un garaje. Pero para mí, era nuestro hogar, nuestro rinconcito sagrado. Allí encontré la paz que tanto había anhelado. Ya no tenía que manejar por horas ni dormir en el carro; al fin tenía un techo estable para mi hija. Era pequeño, sí, pero estaba lleno de amor, de fe y de esperanza. Cada pared, cada rincón, respiraba agradecimiento.

No tenía quién cuidara a Esmeralda mientras trabajaba, así que una gran amiga —una de esas almas que llegan cuando más las necesitas— se vino a vivir con nosotras. Ella ya me había apoyado con mi hija en Lancaster y, sin dudarlo, empacó sus cosas y se mudó al garaje para acompañarnos. Éramos tres mujeres compartiendo un solo espacio, pero también compartiendo sueños, risas, cansancio y fe. Su mirada era de admiración y respeto; sabía todo lo que habíamos pasado, y aun así veía en mí una fortaleza que ni yo misma reconocía. Juntas convertimos aquel espacio en un pequeño refugio, un lugar donde, a pesar de las carencias, sobraban la esperanza y el cariño.

En ese humilde rincón comenzó a cambiar nuestra vida. Cada día era una lección para mi hija: le estaba enseñando que podríamos salir adelante sin importar cuántas veces cayéramos, que siempre se puede comenzar otra vez. Aunque ella no comprendía la magnitud de lo que estábamos viviendo, lo veía como una aventura, una nueva etapa llena de emoción. Su inocencia era mi fuerza, su risa, mi alivio.

Pasaron los meses, y poco a poco la rutina se volvió vida. Esmeralda caminaba sola a la escuela; sus amigas, no hispanas y siempre risueñas, llegaban cada mañana a tocar la puerta del garaje. Ella no sentía vergüenza; al contrario, lo tomaba con naturalidad, con esa frescura que solo tienen los niños. Yo la observaba, con el corazón lleno de orgullo, sabiendo que estaba criando una niña fuerte, independiente y valiente, una niña que aprendía a brillar sin importar el lugar.

A veces me dolía dejarla sola tantas horas, pero lo hacía por ella, por su futuro. Mi trabajo me exigía entrar antes de que comenzaran sus clases y salir mucho después de que terminara la jornada escolar. Había días en que mis pies dolían, mis ojos se cerraban de cansancio y mi mente se nublaba, pero recordaba su rostro dormido y seguía adelante. Cada sacrificio tenía un propósito: darle una vida mejor, enseñarle que el amor también se demuestra con esfuerzo y constancia.

Vivimos un año entero en ese lugar. Un año lleno de aprendizajes y de gratitud. Aprendí a valorar lo que antes daba por sentado: la estabilidad, el calor de un hogar, los pequeños detalles que antes pasaban inadvertidos. Dios me estaba enseñando a mirar la belleza incluso en lo más sencillo, a entender que un corazón agradecido puede transformar cualquier espacio en un paraíso.

Recuerdo una tarde en que mi querido hermano y amigo —quien me había apoyado tanto— vino a visitarnos. Entró al garaje, miró alrededor y se quedó en silencio. Su rostro lo decía todo. Sabía que siempre había trabajado duro para vivir bonito, que amaba la decoración, el orden, la armonía. Y al ver que ahora vivía en un garaje, se le notó la sorpresa, mezclada con ternura y respeto.

Pero ese lugar, te lo aseguro, brillaba con dignidad. Lo había decorado con flores amarillas, girasoles que daban vida a cada rincón. Había una pequeña mesa con mantel, una cocinita ordenada, un espacio para mí y otro para Esmeralda. Lo dividí con telas suaves, de tonos cálidos, que daban la sensación de estar dentro de una casita. El aroma a Nosotras se mezclaba con el olor del café por las mañanas. Era sencillo, pero acogedor, y cada objeto tenía su historia y su propósito.

Mi amigo se sentó en la mesa, miró alrededor y me dijo, con una voz entre asombro y ternura:

—Camilota, tú haces magia. Era su manera de mencionar mi nombre con cariño.

Y sonreí. Porque era cierto. Con lo poco, Dios me permitía crear belleza. No sé de dónde saqué ese talento; mamá nunca fue de mover muebles ni decorar rincones, pero en mí siempre existió esa necesidad de darle vida y calidez al lugar donde estoy. Tal vez porque aprendí que la belleza no depende de lo que se tiene, sino de lo que uno siente.

Hoy, cuando miro atrás, sé que aquel lugar fue mucho más que un techo. Fue el espacio donde mi hija aprendió el valor de la sencillez, donde descubrí la fuerza que no sabía que tenía, donde Dios me abrazó sin que yo aún lo entendiera del todo. Ese garaje fue nuestro taller de fe, el sitio donde la esperanza se tejió entre cortinas, risas y oraciones silenciosas.

Y, querida lectora, si tú estás viviendo algo parecido —si te sientes sola, cansada o en un lugar pequeño—, recuerda esto: no importa dónde vivas, importa cómo vives. Camina con la cabeza en alto, con dignidad y con fe. Porque hasta en el espacio más pequeño, Dios puede construir los sueños más grandes.

9

CUANDO POR FIN VOLVIÓ LA CALMA

Algo dentro de mí comenzó a florecer. Era como si, después de tanto resistir, el alma por fin encontrara descanso. Dios me había llevado por un camino de pruebas, pero también de preparación. Ya no era la misma mujer que lloraba dentro del carro, ni aquella que dudaba si podría seguir. Ahora era una mujer más fuerte, más consciente, más agradecida.

Con el paso de los meses, la tienda en Santa Clarita comenzó a prosperar. El restaurante —mi "bebé", aquel que abrí desde cero— se convirtió en un lugar lleno de vida, y con él, mi carrera volvió a levantarse. Las largas noches, los sacrificios, las lágrimas ocultas… todo comenzó a dar fruto.

Recuerdo el día en que mi jefe entró a la oficina, me miró con una sonrisa y me dijo:

—Camila, lo lograste.

No supe si reír o llorar. Solo pensé en mi hija, en cada noche fría, en cada oración susurrada en silencio. Porque todo lo que hacía, lo hacía por ella.

Con esfuerzo y disciplina logré ahorrar un poco, y comencé a buscar un lugar más digno donde vivir. Quería que Esmeralda tuviera su propio espacio, su cuarto, sus colores, su cama linda. Cuando encontré la casa que más tarde llamaría "hogar", ya no iba sola. Me acompañaban la abuelita de José y su papá, y aquello lo sentí como un regalo del cielo. Por fin bastaba para sentirme en paz. Todo cambiaría. Ya teníamos más estabilidad.

Y sí, así olía: a esperanza, a fe, a nuevos comienzos. Desde entonces comencé a reconstruirme de verdad. Empecé a cuidar más de mí, a creer en mis capacidades y, sobre todo, a reconocer la mano de Dios en cada paso. Comprendí que los momentos difíciles no son castigos, sino procesos donde se forja el carácter y se revela la fe.

Mi hija seguía creciendo: fuerte, independiente, llena de amor. Y cada vez que la veía salir rumbo a la escuela, recordaba los días en que tuvo que quedarse sola, los parques donde fingíamos acampar, las lágrimas que escondía detrás de una sonrisa. Cada uno de esos recuerdos me confirmaba que todo había valido la pena.

Hoy, cuando miro atrás, ya no veo dolor. Veo propósito. Veo una historia escrita con lucha, pero también con amor, esperanza y milagros disfrazados de dificultad. Querida lectora, si has llegado hasta aquí en mi historia, quiero dejarte una verdad que aprendí entre cenizas, frío y oraciones: la vida siempre da segundas oportunidades, pero solo a quienes no se rinden.

Y aunque a veces sientas que estás viviendo en un mundo donde parece que solo tú existes, recuerda esto: incluso allí, Dios puede estar preparando el palacio donde florecerás mañana.

En ese tiempo, la gran tienda que te he venido contando —esa que me enviaron a abrir desde cero— ya estaba lista. Teníamos el equipo completo, los uniformes nuevos, la cocina brillando y un ambiente de entusiasmo. Siempre les decía "compañeros", nunca "empleados", porque yo también había sido uno de ellos, y sabía lo que significaba sentirte parte de un sueño, no solo de una nómina.

Cada mañana nos preparábamos con ilusión. Queríamos ofrecer el mejor servicio, hacer sentir bien a nuestros clientes, dejar huella. Mi vida laboral estaba en su mejor momento: era un éxito total. Mi vida personal seguía siendo sencilla —y eso me encantaba—; teníamos un techo, una cama donde dormir y una rutina que nos hacía felices. No estábamos en la calle, y eso bastaba para dar gracias.

Dios nos había prestado por unos años una familia hermosa que fue un apoyo increíble para mí y mis hijos. Un día de noviembre llegué temprano, abrí la oficina y revisé mi correo electrónico. Al abrir un mensaje de la corporación, sentí el corazón acelerarse. El anuncio decía que se abriría un concurso mundial entre todos los restaurantes de la franquicia.

El correo estaba en inglés y en español, con reglas claras: iniciaría en enero, y cada restaurante debía participar con su equipo, representando a su región. Me quedé sin aliento. Me hinqué en el piso —como solía hacerlo—, porque nunca tuve silla en la oficina. Siempre creí que un verdadero gerente debía estar afuera, entre su gente y sus clientes.

Querido lector, si tienes un negocio, grábate esto en el corazón: el éxito no se encuentra en una oficina, sino frente a las personas que hacen posible tu trabajo.

Me levanté emocionada, corrí hacia el área de servicio y grité:

—¡Vamos a participar en un concurso mundial… y lo vamos a ganar!

Todos me miraron sorprendidos. Algunos sonrieron, otros dudaron. Pero yo lo tenía claro. Esa energía, ese presentimiento de que algo grande estaba por venir, me llenó el alma. Lo repetí una y otra vez, como una declaración al universo: "Lo vamos a ganar. Lo vamos a ganar."

Y así empezó una de las etapas más intensas de mi vida.

Cuando llegó enero, todo estaba listo. Las instrucciones del concurso eran exigentes: cada aspecto debía reflejar los estándares de excelencia de la corporación. Desde la limpieza, la rapidez y la calidad de los productos, hasta la sonrisa del equipo y la actitud frente al cliente: todo contaba.

En la pared de la oficina preparé un mural de sueños. Marqué cada fecha de evaluación, cada inspección y cada reto. Lo llené de globos, notas y frases de motivación. Esa pared era mi mapa hacia la victoria. Sabía que primero debíamos competir con los restaurantes del área local. Solo si ganábamos, avanzaríamos a competir contra otras regiones.

Así que me concentré como nunca. Trabajaba de lunes a domingo, desde las seis de la mañana hasta las diez de la noche. No descansaba un solo día. Quería que cada detalle fuera perfecto. Nos revisaban todo: el peso exacto de la lechuga, la temperatura del aceite, la limpieza, la actitud, la presentación. Nada se escapaba. Era agotador, pero también apasionante.

Y aunque muchas veces terminé llorando del cansancio, algo dentro de mí no me dejaba rendirme. Había una voz que me decía:

—Camila, este concurso es tu oportunidad.

Quizás era más que un concurso: era una forma de sanar todas mis heridas, de demostrarme que todo lo vivido había valido la pena. No por orgullo, sino por fe.

Recuerdo mirar a mi hija y decirle:

—Esmeralda Rubí, este concurso lo vamos a ganar.

Ella sonreía, y esa sonrisa me daba fuerzas cuando todo parecía imposible. Pasaron los meses: inspecciones, nervios, noches sin dormir, lágrimas, frustraciones... pero también unión, esfuerzo y esperanza. Mi equipo y yo éramos una familia con un solo propósito.

Y un día llegó el correo que nunca olvidaré. La corporación anunció los resultados: de entre miles de restaurantes en el mundo, nuestro equipo estaba entre los catorce mejores. Lloré como una niña. No por el trofeo, sino porque sentí que cada sacrificio —cada noche de frío, cada lágrima en el garaje, cada oración— había encontrado su recompensa.

Miré al cielo y solo pude decir: —Gracias, Dios.

Estar entre los catorce ya era un triunfo. Ya teníamos ganado un Rolex, pero para mí ese premio tenía un valor mucho más profundo. No era por su costo, sino por lo que representaba: el precio que se pagó para llegar hasta ahí.

Y entendí algo que cambió mi vida: la vida siempre te recompensa cuando trabajas con amor, humildad y fe. No importa cuántas veces te caigas; lo importante es levantarte, limpiar tus lágrimas y seguir caminando. Porque los sueños sí se cumplen, pero solo para quienes no se rinden.

Aquel concurso no fue un evento más. Fue un año entero de esfuerzo, disciplina y fe. Primero ganamos el área local, luego la regional y así, paso a paso, lágrima tras lágrima, llegamos a la cima. Las evaluaciones eran constantes y rigurosas: inspectores por todos lados, en la caja, en la cocina, en las mesas, observando cada gesto, cada detalle.

Yo oraba en silencio mientras sonreía y alentaba a mi equipo:

—¡Excelente trabajo! ¡Vamos, que lo estamos haciendo bien!

Era una mezcla de tensión, entrega y esperanza.

Y un día llegó la noticia que me dejó sin habla: ¡habíamos llegado a la final mundial! Catorce países, catorce equipos, miles de restaurantes Wendy's alrededor del mundo. Y yo, una mujer que años antes dormía en un carro iba a representar a Estados Unidos.

Nos enviaron a Ohio, todo pagado. Era el corazón de la franquicia, el lugar donde todo había comenzado. El viaje fue hermoso. Nos recibieron con honores, en una cena elegante donde estaban mi supervisor, el dueño de la franquicia, el jefe regional y líderes de todo California. Verlos tan orgullosos fue una de las mayores recompensas de mi vida.

Ellos conocían mi historia, mi esfuerzo, mis noches sin dormir. Y ahora, ese restaurante que yo había abierto desde cero estaba entre los mejores del mundo.

Cuando comenzó la premiación, mi corazón parecía salirse del pecho. Miraba a los demás finalistas: Canadá, Filipinas, México, Asia, Colombia… todos con la misma pasión en la mirada. Pensé: "Debe ser él, o ella… ellos hablan mejor inglés, tienen más estudios, más recursos." Yo solo tenía mi fe.

Y empezaron a llamar: el número 14, el 13, el 12… Mi nombre no aparecía. Cuando quedaban solo tres finalistas, supe que algo grande estaba por suceder.

Y entonces lo escuché:

—Camila Montenegro, Coppel Hill, California —

United States of America.

El auditorio estalló en aplausos. Lloré, reí, abracé a todos. Me habían entregado la copa de oro, el Rolex, y algo aún más grande: la confirmación de que los milagros existen. Ese día subí al escenario con José en mi vientre. Él aún no había nacido, pero ya era parte del triunfo.

Cuando sostuve esa copa dorada, supe que no solo estaba ganando un concurso… estaba ganando mi vida de vuelta. Dios me había llevado del fuego al oro. De las cenizas al brillo. De la derrota a la victoria.

Y entendí que cuando uno trabaja con fe, amor y humildad, la vida, tarde o temprano, te recompensa.

Después del concurso y de haber ganado la copa de oro, mi vida dio un giro inesperado. Era como si el universo me devolviera, poco a poco, todo lo que había perdido. Ya no tenía que esconder mis lágrimas dentro del carro. Ahora tenía un hogar, un lugar donde cada rincón olía a esperanza, donde mi hija tenía su propio espacio y donde yo podía, por fin, respirar tranquila.

El restaurante seguía siendo un éxito, mi equipo estaba más unido que nunca y mi nombre comenzaba a reconocerse dentro de la compañía. Pero más allá de los premios, lo que realmente me hacía feliz era ver a mi hija sonreír, disfrutar la estabilidad que tanto habíamos soñado.

La abuelita de José fue una bendición. Cuidó de mí durante el embarazo, cuidó de Rubí y me apoyó cada segundo sin pedir nada a cambio. Estar embarazada de José —once años menor que Esmeralda— fue una mezcla de gratitud, nervios, alegría y fe. Miraba mi panza y pensaba en todo lo que había pasado para llegar hasta ahí.

Dios me mostró que las pruebas no eran castigos, sino preparación. Nada había sido coincidencia: el incendio, el garaje, las lágrimas, el cansancio… todo fue parte del camino que me llevó a sostener esa copa dorada, símbolo no solo de éxito laboral, sino de renacimiento.

Mi vida tomaba un nuevo rumbo. Ya no era solo la mujer que lo perdió todo y se levantó; ahora era esposa, madre de dos hijos y ejemplo de que sí se puede volver a empezar. Y aunque el destino aún tenía lecciones por enseñarme, en ese instante, en ese pedacito de tiempo, yo era feliz.

Y la felicidad, cuando se ha llorado tanto, se siente como un milagro.

10

CUANDO LA VIDA VOLVIÓ A SACUDIRME

Siempre hay un momento en que la vida te detiene para recordarte que no todo está bajo tu control, y así fue conmigo. Después de tanta felicidad, de tanto esfuerzo, justo cuando por fin sentía que mi vida se estabilizaba, algo se rompió. No lo vi venir; fue como si el destino hubiera esperado a que bajara la guardia, a que respirara, para lanzarme otra batalla.

Aquel tiempo parecía perfecto: tenía un hogar, una familia, una hija que crecía sana y feliz, y un bebé en camino. Me sentía plena, agradecida, creyendo que por fin la vida me sonreía sin condiciones. Pero la vida —esa maestra dura y misteriosa— siempre encuentra la forma de ponerte a prueba cuando más segura te sientes.

Al principio fueron pequeñas señales: detalles que preferí ignorar, pensando que todo se acomodaría con amor, paciencia y fe. Poco a poco los días comenzaron a cambiar y el ambiente a mi alrededor se volvió distinto.

No sabía si era el cansancio, el embarazo o la realidad mostrándome que nada es tan perfecto como parece. Esa etapa marcó el inicio de un nuevo capítulo, uno de los más duros, pero también uno de los más reveladores de mi vida. José estaba a pocos días de nacer y yo ya estaba incapacitada, esperando su llegada entre la dulzura, la expectativa y la incertidumbre.

Fue entonces cuando comenzaron los problemas. Como suele suceder en los lugares donde alguien brilla y su luz incomoda, aparecieron los celos, las envidias y los rumores. Personas a las que consideraba amigas, compañeros con los que había compartido largas jornadas, empezaron a darme la espalda. No hablo desde el ego, sino desde el corazón.

Había trabajado un año entero, día y noche, sacrificando mi cuerpo, mi descanso y el tiempo con mi hija. Lo entregué todo. Y entonces llegó el golpe: una injusticia tan grande que aún hoy me duele recordar, aunque ya la sané.

No entraré en detalles por respeto a la compañía que tanto amé y a la que di mis mejores años, pero alguien debía pagar por un error… y ese alguien fui yo.

Me despidieron. Imagínate el momento: acababa de ganar un concurso mundial, mi nombre se había mencionado en corporaciones internacionales, había representado a Estados Unidos… y aun así, estaba sentada frente a una mesa de directivos, perdiendo mi trabajo a días de dar a luz.

Lloré por mi hijo que aún no nacía, por la seguridad médica que estaba a punto de perder, por el esfuerzo de tantos años. Yo sabía la verdad, sabía quién había cometido el error, quién había llevado a esa persona, sabía que no tenía nada que ver, pero mi firma estaba ahí. Y donde hay firma, hay responsabilidad. Así que, con el corazón roto, asumí todo.

Solo pedí una cosa: —Por favor, no me quiten la aseguranza. Mi hijo está por nacer. Y Dios escuchó. La compañía aceptó dejarme el seguro médico. Fue mi pequeño milagro en medio de tanta oscuridad. José nació sano, hermoso, en el hospital donde debía nacer. Pero el dolor no se iba. Por las noches salía al patio, miraba el cielo y lloraba sin consuelo. No entendía cómo, después de tanto esfuerzo, podía terminar así: sin trabajo, con un bebé recién nacido y el alma rota.

Dolía la traición de compañeros a quienes había ayudado con todo lo que estaba a mi alcance. Era un dolor distinto: no se trataba solo de perder un empleo, sino de perder la confianza, la entrega, la fe en la justicia.

Ese episodio me marcó profundamente. Con el tiempo comprendí que no podía avanzar sin perdonar. Y perdoné.

A todos. A quienes me traicionaron, a quienes callaron, a quienes se aprovecharon. Los perdoné, no por ellos, sino por mí, porque quería sanar.

Aprendí que cuando ayudas a alguien a crecer, esa persona puede sentirse amenazada por ti; les cuesta reconocer tu papel en su progreso y prefieren hacerte ver mal para sobresalir. Entendí también que muchos no soportan deberle algo a otro: prefieren desacreditarte antes que admitir que los ayudaste.

En ambientes laborales donde la competencia manda, algunos creen que quedar bien con los jefes vale más que la lealtad. Otros proyectan sus errores en los demás, y cuando algo sale mal, buscan culpar al más visible para no enfrentar su responsabilidad. No todos saben manejar el éxito ni el agradecimiento; algunos solo piensan en su conveniencia momentánea.

Lo que aprendí de todo eso fue valioso: no rebajarte a su nivel ni caer en su juego, documentar tu trabajo para que los hechos hablen por ti, mantener la calma y la profesionalidad, y aprender la lección de ayudar con amor, pero con límites. Para que José naciera pasé tres días y dos noches internada con dolores insoportables. No podía recibir anestesia por una trombosis previa.

Recuerdo mirar a su abuela —que no se despegó de mi lado— y a su padre, y decirles: "Fírmalo. Que sea la voluntad de Dios." El dolor era tanto que ya no pensaba en mí, solo en que mi hijo llegara bien. Y así fue. En cuanto me aplicaron la inyección, José nació. Ambos salimos bien.

Ya en casa, recibí una llamada inesperada. Era mi gran amigo. —Camila —me dijo—, hablé con uno de los dueños de la compañía. Quiere verte. Yo apenas podía caminar, pero acepté. Viajé desde Santa Clarita hasta Burbank —más de una hora de camino—, dejando a José recién nacido con su abuela.

Al llegar, me esperaban el vicepresidente y mi futuro supervisor. No sabía qué iba a pasar; solo sabía que estaba ahí por fe. Respondí a sus preguntas con serenidad. La intención era clara: si pasaba la entrevista, me darían una de sus "tienditas", como yo les llamaba a los restaurantes pequeños.

Eran locales con poco movimiento, pero a mí no me importaba el tamaño; lo que quería era una nueva oportunidad.

El vicepresidente —el mismo que años atrás me había evaluado en el concurso— me pidió hablar a solas. —Sé todo lo que pasó —me dijo—. Sé que no tuviste la culpa, pero alguien tenía que pagar. Hizo una pausa y agregó:

También sé lo que eres capaz de hacer. Por eso voy a confiar en ti. No me defraudes. En ese instante sentí que el aire volvía a mis pulmones. Había pasado del despido, la humillación y el dolor a recuperar mi propósito. Y fue tan leal que lo hizo en privado. Me asignó una nueva franquicia: la "bebé" de la compañía, un restaurante con bajo rendimiento, pero lleno de potencial.

Acepté con determinación: —Denme el que tenga más problemas, el que menos venda, el más difícil. Solo necesito tres meses.

El vicepresidente sonrió: —Tú me pides tres, pero te daré seis. Aquel restaurante era un caos, pero para mí fue una promesa. Regresé a trabajar cuarenta días después del nacimiento de José.

Nunca he sido una mujer de depender de nadie. Jamás pedí desempleo ni ayudas, salvo en enfermedad o recuperación. Esa "bebé" se convirtió en mi mayor orgullo. Al primer año alcanzamos un millón de dólares en ventas; al segundo, dos millones; al tercero, tres millones.

Siete años duré con esa tienda. Siete años de esfuerzo, entrega, noches sin dormir… pero también de amor, logros y comunidad.

Mi restaurante se volvió ejemplo en toda la compañía: limpio, organizado, lleno de pasión y respeto. Los clientes regresaban solo para saludarme. Siempre decía: "No vendemos hamburguesas. Vendemos sonrisas." Llegó el día del reconocimiento anual. El auditorio estaba lleno. En la pantalla apareció mi nombre:

CAMILA MONTENEGRO

Primera gerente en alcanzar tres millones de dólares en ventas. El salón estalló en vítores; mis compañeros golpeaban las mesas, gritaban mi nombre. Subí al escenario con lágrimas en los ojos.

Cada paso era un recuerdo: el despido, el llanto, las noches de oración, la injusticia, el parto, la fe. Y ahora, ahí estaba, recibiendo una ovación con mi nombre iluminando toda la sala. Cuando me entregaron el trofeo, sentí que Dios me susurraba: "¿Ves? Por eso te hice esperar."

Ese día entendí que los procesos duros no son castigos, sino preparación; que los retrasos no son pérdidas, sino parte del plan; y que cuando trabajas con verdad, aunque el mundo te cierre las puertas, Dios siempre abre una más grande.

Siete años después, aquel restaurante seguía siendo número uno. Pero más que los millones o los trofeos, mi verdadera recompensa fue comprobar que se puede renacer desde las cenizas… y brillar más que nunca.

11

MI MAYOR ÉXITO: MI FAMILIA

Después de tantos años de lucha, de logros y de reconocimientos, llegó la etapa más hermosa de mi vida: mi familia. Mientras mi nombre resonaba en conferencias y mis restaurantes seguían ocupando los primeros lugares, en casa me esperaba lo verdaderamente importante: mis hijos.

Esmeralda Rubí crecía llena de vida, curiosa, independiente, con ese brillo en los ojos que me recordaba a mí misma cuando era niña. José, mi pequeño milagro, me enseñaba cada día el significado del amor puro. Sus risas, sus primeros pasos y esa manera de abrazarme con fuerza —como si quisiera protegerme— eran mi gasolina, mi motivo y mi razón para seguir adelante.

Aunque el trabajo exigía gran parte de mi tiempo y energía, procuraba no perderme los momentos importantes. Hubo noches en las que llegaba tan cansada que apenas podía mantenerme en pie, pero bastaba una sonrisa de mis hijos para que todo el cansancio desapareciera.

Ellos eran mi propósito, el regalo más grande que Dios me dio después de tantas pruebas. En esos años descubrí algo profundo: el verdadero éxito no está en los premios ni en los millones, sino en el amor que te espera en casa.

Mis hijos fueron mi escuela más grande; me enseñaron paciencia, humildad y una fortaleza que ni yo misma sabía que poseía. Verlos crecer sanos, felices y rodeados de amor fue, sin duda, mi mejor trofeo.

Esmeralda, por un tiempo, se volvió rebelde —y reconozco que la culpa fue mía—. No sabía hacer otra cosa más que trabajar, pero un día tomé una decisión importante que cambió todo: volví a tener a esa hija que siempre caminó de mi mano.

Creció muy pronto, demasiado pronto. Recuerdo una noche especial: había tenido un día largo en el restaurante y estaba agotada, pero al llegar a casa me esperaban con una cena improvisada, pan, jugo y una notita que decía: "Eres la mejor mamá del mundo".

Lloré. Lloré de emoción, de gratitud y de amor, porque ese pequeño detalle valía más que cualquier reconocimiento corporativo.

Para entonces, Esmeralda cuidaba de José y estudiaba desde casa. Durante esos años aprendí a equilibrar mis roles, a dar lo mejor de mí como mujer, como madre y como profesional. Comprendí que no se puede tener todo perfecto, pero sí se puede tener todo con amor.

Dios me había permitido alcanzar el éxito en mi carrera, pero también me mostraba que mi mayor empresa era mi hogar. Aunque el camino continuaba lleno de desafíos, cada día me confirmaba que valía la pena. Así comenzó una nueva etapa: ya no era la Camila que vivía entre cenizas, ni la que dormía en un carro, ni la que lloraba por injusticias. Era la Camila mamá, la líder, la mujer fuerte y, sobre todo, agradecida.

Veo los rostros de mis jefes mientras camino hacia el escenario. Voy por mi premio. Los saludo uno a uno con una sonrisa que mezcla gratitud y orgullo. Cuando llego al lugar donde están mi presidente y mi vicepresidente, los abrazo y les digo:

—Gracias... gracias por confiar en mí. Sabía que ellos entendían todo lo que había pasado; conocían mi historia, mis caídas y mis batallas, y aun así me habían dado una segunda oportunidad.

Avanzo entre aplausos y manos extendidas, hasta llegar a donde estaban mis antiguos jefes, aquellos que un día me habían despedido. Les doy la mano, los miro a los ojos y, en mi corazón, solo hay paz. Siempre mantuvimos comunicación, y en el fondo sabía que también conocían la verdad.

La ceremonia termina. Me acerco a despedirme y uno de los dueños de la compañía —aquel que me conocía desde niña— me mira y me dice en inglés: "It's time to come back home." (Es tiempo de regresar a casa.) Nunca olvidaré esas palabras. Lo miré, sonreí y le respondí con firmeza y gratitud:

—No puedo traicionar la mano que me dio de comer. Gracias. Le di un abrazo, me giré y corrí hacia el autobús que nos esperaba afuera. Mientras subía, sentí que cerraba un ciclo: un ciclo de lucha, de caídas, de aprendizaje y de fe.

Al día siguiente regresé a mi restaurante, y como si el cielo celebrara conmigo, rompimos un nuevo récord. Así fue por siete años más: año tras año seguíamos en primer lugar. Cada logro, cada meta alcanzada, era una confirmación de que todo lo vivido había valido la pena.

Cuando finalmente decidí mudarme a San Diego, supe que había llegado el momento de cerrar esa etapa. Había alcanzado la cima, conquistado todo lo que me propuse dentro de la compañía que tanto amé.

Me llevé conmigo premios, recuerdos y reconocimientos que guardo con orgullo, pero ninguno tan valioso como la copa de oro que simboliza mi esfuerzo o el Rolex que gané aquel año en el concurso mundial.

Ese reloj tenía un destino especial: fue el regalo de quince años para Esmeralda. Ella no quiso fiesta, aunque era mi sueño hacerle una gran celebración, porque yo nunca tuve una. Respeté su decisión y le regalé aquel reloj. Desde entonces, el Rolex es suyo. Y si algún día llegas a conocerla, sabrás que su historia te recordará que sí se puede ser grande aunque vengas descalza, cuando la veas con ese reloj en su mano. En la parte de atrás lleva grabadas unas palabras que resumen toda mi historia: "Every Customer Counts., 2007."

Ese reloj no solo representa mi trabajo, sino todo lo que sacrificamos juntas. Porque ese año mi hija se vistió del personaje, me acompañó a los turnos, me esperó en el restaurante, me vio cansada... pero nunca me vio rendida.

Ella fue mi fuerza. Ese Rolex le pertenece porque fue parte del precio que pagamos juntas: un año entero de esfuerzo, unión, amor y fe.

Hoy, mientras escribo este libro, José tiene diecisiete años y Esmeralda veintiocho. Siempre le digo a mi hijo: —Tú naciste en cuna de oro, mijo. No porque hubiera lujos, sino porque naciste rodeado de amor, de fe y de propósito.

Tu abuelita —esa gran mujer a la que amarás y respetarás toda tu vida— dejó su trabajo para cuidarte, para que nadie más lo hiciera, para que yo pudiera reconstruirme y volver a empezar sin miedo.

Cuando me mudé a San Diego, decidí cerrar mi ciclo con la franquicia después de renovar el último restaurante. Ya no quedaba nada más que escalar. Había cumplido mi misión: veintisiete años de mi vida dedicados a esa empresa. Había logrado tanto, había trabajado sin descanso, había ganado premios, había tocado el cielo con mis logros... pero también entendí que la vida no podía ser solo trabajo.

Por primera vez en mucho tiempo, sentí la necesidad de detenerme, respirar y mirar lo que realmente importaba. Para entonces, Esmeralda ya era una mujer.

Mi niña había crecido, se fue a trabajar, a buscar su propio camino, a cometer sus errores —como todos lo hacemos—. Y aunque a veces me preocupaba, también me sentía orgullosa, porque sabía que la fuerza que la movía era la misma que yo le había enseñado. Tengo una hija increíble: trabajadora, valiente, que lucha por lo que quiere, que no se rinde y que enfrenta la vida con carácter y determinación.

Y tengo un hijo maravilloso: José, un regalo de Dios, un joven lleno de talentos, de nobleza y de amor. Con él compartí más tiempo que con Esmeralda, quizá porque la vida me dio una nueva oportunidad.

Cuando él tenía cinco o seis años, tomé la decisión que cambiaría mi rumbo: dejar atrás mi vida anterior y empezar de nuevo en San Diego. Fue entonces cuando me detuve a pensar con el corazón: ¿José viviría la misma historia que su hermana? ¿Seguiría yo entregándome al trabajo sin disfrutar lo que tenía frente a mí?

Esa era la verdad: el trabajo era lo único que conocía. Desde muy joven aprendí que si no me esforzaba, no habría resultados. En la compañía ya no esperaban menos de mí: mis tiendas debían estar en primer lugar, mis restaurantes debían brillar, y yo debía seguir siendo la mujer imparable que todos admiraban. Remodelar restaurantes era mi pasión; me encantaba trabajar con arquitectos, ver cómo un espacio viejo se transformaba en algo nuevo. Cada proyecto me hacía sentir viva. Pero a veces, en medio de ese éxito, me sorprendía pensando: "¿De verdad esto es todo? ¿No habrá algo más que Dios quiera de mí?"

Recordaba mis inicios, aquella niña que solo llegó a sexto de primaria, la que soñaba con ser secretaria y que un día terminó manejando empresas, hablando un idioma que tuvo que aprender con esfuerzo, sin escuelas, sin computadoras, sin recursos, solo con fe y con ganas.

Me miraba al espejo con una mezcla de orgullo y asombro, pensando: *"Mira hasta dónde has llegado, Camila."* Pero también sabía que algo dentro de mí estaba cambiando. Ese impulso de avanzar ya no venía del trabajo, sino de un deseo más profundo: encontrar paz, propósito y plenitud.

San Diego marcó el inicio de ese despertar, una etapa donde entendí que los nuevos comienzos no siempre llegan con aplausos, sino con silencio. El silencio de quien se redescubre, se escucha y vuelve a empezar una vez más, pero ahora desde el alma.

12

RENACER EN SILENCIO

San Diego me recibió con un aire distinto. Era una ciudad nueva, pero también una nueva versión de mí la que llegaba allí. Por primera vez en mucho tiempo no sentía miedo, ni la necesidad de demostrarle nada a nadie.

Venía a reencontrarme conmigo misma, a reconstruir lo que había quedado dentro después de tantos años de lucha, de levantamientos y caídas.

Había triunfado, sí, pero también había sangrado por dentro. Comprendí que el éxito sin paz no es éxito, que la verdadera riqueza está en poder dormir tranquila, mirar a tus hijos y sentir que lo que tienes —aunque sea poco— es suficiente.

Antes de cerrar este capítulo, querido lector, querida lectora, quiero contarte algo que cambió mi vida para siempre. Un día cualquiera, en mis años recientes, estaba mirando un video en Facebook. Parecía un día común, pero no lo era.

En el fondo de mi corazón sabía que mi vida debía cambiar. No quería que José viviera la misma historia que su hermana Rubí, ni que creciera sin tiempo de mamá, sin esas tardes simples que no se compran con dinero. Sabía que no podía repetir el pasado. En ese video vi a una mujer vendiendo joyería en línea; había algo en ella —su seguridad, su manera de hablar, su libertad— que me cautivó profundamente.

Le escribí para comprarle unos collares y, sin pensarlo mucho, le dije: "Yo quiero hacer lo que tú estás haciendo." Ella me respondió enseguida. No lo sabía entonces, pero esa conversación sería la puerta hacia una nueva vida. Aquella mujer solo fue mi primer contacto, una conexión divina. Me inscribió en una franquicia de multinivel y un día me invitó a una clase de crecimiento personal. No imaginaba que esa llamada sería mi bendición. La clase la impartía la mentora de su mentora, una mujer con voz poderosa y corazón lleno de propósito. Mientras la escuchaba hablar de metas, visión, fe y propósito, sentí que Dios me hablaba directamente a mí.

Era como si Él me hubiera sentado justo allí para recordarme quién era y quién podía llegar a ser. Tomé notas, lloré y guardé silencio. Al final de esa llamada supe que mi vida no volvería a ser la misma. Nunca volví a ver a la mujer del video, y poco después supe que su mentora había fallecido.

Pero antes de partir me dejó un regalo del cielo: mi mentora. Desde entonces, hace casi nueve años, tengo a una guía maravillosa a mi lado, una mujer que ha sido luz, espejo, ejemplo y fuerza. Ella me enseñó a cambiar, a sanar, a poner límites, a decir que no, a entender que también tengo valor, que mi historia importa, que yo también soy un diamante... solo que necesitaba pulirme.

Gracias a ella y a todo lo que aprendí, ya no soy la misma Camila. Hoy me paro frente a otras mujeres, subo a una tarima y puedo hablar sin miedo, sin guion y sin vergüenza. Puedo compartir mi historia con el alma abierta, sabiendo que cada palabra puede levantar a otra mujer. Antes motivaba con estrategias; hoy motivo con verdad, con amor y con fe. La red de mercadeo no solo transformó mi economía, sino también mi espíritu, mi mentalidad y mi historia. Me liberó de la culpa, del silencio y de la necesidad de cargar con el peso de todos.

Por eso este libro lleva el nombre que lleva: porque durante años ayudé a todos antes de ayudarme a mí. Hoy aprendí que primero tiene que estar Camila, porque si no hay Camila, no hay cómo ayudar a los demás.

Durante mucho tiempo ayudé a mis hermanos y a mi familia con todo mi corazón. Los apoyé en centros de rehabilitación, invertí dinero, tiempo, fuerzas y amor, dinero que pude haber destinado al futuro de mis hijos.

Lo hice porque creí que podía salvarlos, porque yo había salido de un mundo oscuro y pensé que ellos también podrían hacerlo. No fue así, y aprendí que no se puede ayudar a quien no quiere ser ayudado.

La vida familiar tampoco fue sencilla. Perdí a mi padre hace veinte años. Mis hermanos siguieron librando sus propias batallas, y mi madre —una mujer de corazón noble, pero cansado— a veces se dejaba llevar por el dolor.

Siempre ayudando a los que más lo necesitaban, aunque no siempre de la manera correcta. Hubo momentos muy duros; dolía escucharla decir que no la ayudábamos, cuando yo sabía que había dado todo.

Eso duele profundamente, pero comprendí algo: no somos nadie para juzgar a nuestros padres. Hoy solo puedo agradecer, porque a pesar de todo he visto la grandeza de Dios aquí en la Tierra.

La Red de Mercadeo cambió mi vida: me dio libertad, tiempo, crecimiento personal, amistades nuevas, propósito y fe. Dios me ha mostrado su poder una y otra vez, en cada caída, en cada pérdida, en cada lágrima.

Mucho antes de conocerlo verdaderamente, Él ya estaba conmigo. Te conté que lo conocí a los veinticuatro años gracias a la madrina de mi hija, cuando me acerqué por primera vez a la iglesia, pero lo encontré de verdad años después, en una asociación de Tijuana, gracias a una pastora maravillosa que me enseñó a tocar las puertas del cielo con fe. Desde entonces, no puedo vivir sin Él.

Dios es la prioridad en mi vida, el centro de la mesa de mi casa, la voz que escucho cuando el silencio me habla. No necesitas un templo para sentir su presencia; Dios vive contigo donde estés: en tu auto, en tu trabajo, en tu tristeza, en tu alegría, en cada paso que das.

No voy a hablarte de religión, pero sí te diré esto desde el alma: honro a mi Padre, honro lo que me ha dado y también lo que me ha quitado, porque Él sabe cuándo y por qué lo hace.

No te des por vencida. La vida es maravillosa si aprendes a mirarla con ojos de gratitud. Cada dolor trae una enseñanza, cada caída un escalón más para subir, y cada proceso, aunque duela, te prepara para lo que viene.

Hoy sigo trabajando en redes de mercadeo y amo lo que hago. Agradezco profundamente a mi mentora, esa mujer que nunca me dejó rendirme y que me llevó de la mano cuando sentí que no podía más. También agradezco a mi gran amiga —la misma que estuvo conmigo hace veintiocho años cuando comenzaron los dolores de parto de Esmeralda—. Ella también estuvo ahí, sosteniéndome cuando buscaba un nuevo rumbo y una nueva versión de mí. Nada fue fácil; todo me costó trabajo, lágrimas, esfuerzo y noches sin dormir. Pero lo que vale la pena nunca es fácil, porque lo que llega fácil, fácil se va.

Hubo un momento decisivo en mi historia: el día que decidí invertir en mí misma. Tomé cursos, aprendí a vestirme, a hablar, a presentarme ante el mundo, a comportarme con elegancia y propósito. Tuve grandes maestras, una de ellas una escritora reconocida que dejó huella en mí y que aún hoy, doce años después, sigue presente en todo lo que hago.

Ella me enseñó algo que jamás olvidaré: "Lo que practicas todos los días se convierte en parte de ti." Por eso mi consejo más grande para ti es este: practica todos los días lo que aprendas.

Aunque sea algo pequeño, repítelo una y otra vez hasta que se vuelva costumbre, porque la repetición crea disciplina y la disciplina se convierte en estilo de vida.

Hoy cierro este libro con gratitud infinita, con amor por mis hijos, respeto por mis padres, perdón por mi pasado y esperanza por todo lo que viene. Tengo la certeza más grande de mi vida: Dios es real, vive, sana y transforma.

Cuando Él es el centro de tu vida, nada te falta. Aún sigo luchando, sigo trabajando duro, sigo liderando, sigo educándome. Sigo fallando, sí, pero también sigo avanzando. Camino con propósitos claros, con metas escritas, con un año planeado y una fe que no se apaga.

Después de tanto dolor, de tantas caídas y de tantas veces comenzar de nuevo, hoy puedo mirar hacia atrás y sonreír. Cuando todo empieza a tener sentido, cuando el alma encuentra su lugar, entiendo que cada etapa, cada tropiezo y cada victoria fueron parte perfecta de mi historia. Si hoy mi vida es bonita, es porque nunca dejé de creer, nunca dejé de intentarlo y nunca dejé de caminar de la mano de Dios. Fue en esta ciudad donde comenzó a nacer este libro, no como un plan, sino como una conversación entre mi alma y Dios. Una forma de cerrar heridas, de abrazar mis recuerdos y de mirar hacia adelante con amor y esperanza.

Renacer no significa empezar de cero, sino empezar con más sabiduría. Ese, mi querida lectora, fue el comienzo de mi renacer. Una noche cualquiera, mientras todos dormían, me quedé mirando el techo en silencio. No podía dormir.

Sentía algo en el pecho, una voz suave, una inquietud que no venía del cansancio, sino del alma. Era como si alguien me susurrara que ya era tiempo: tiempo de hablar, de soltar, de compartir. Tomé una libreta y comencé a escribir sin pensarlo. Las palabras salían solas, como si mi corazón hubiera esperado años para vaciarse.

No escribía por nostalgia ni por orgullo; escribía por necesidad. Necesidad de sanar, de entenderme, de agradecerle a Dios por no haberme dejado caer, incluso en mis noches más oscuras.

Y en ese instante lo entendí todo: mi historia no era solo mía. Era la historia de muchas mujeres, de muchas madres, de muchas almas que han caído y se han levantado mil veces; que han sido juzgadas, incomprendidas, pero que aun así siguen caminando con fe. Dios puso en mi corazón la misión de escribir, y cuando Él te llama, no hay manera de ignorarlo. No era una idea, era un propósito. Era su voz diciéndome: "Camila, todo lo que viviste tenía sentido. Ahora quiero que lo cuentes." Cada recuerdo que antes dolía se transformó en mensaje.

Cada lágrima se volvió enseñanza. Cada caída, testimonio. Empecé a escribir de madrugada, con una taza de café al lado y el alma abierta. No sabía si alguien leería estas páginas, pero sabía que tenían que existir. Porque si una sola persona encontraba consuelo, esperanza o valor a través de mis palabras, ya valía la pena.

A veces pienso en aquella niña de sexto año que soñaba con ser secretaria. Esa niña que jamás imaginó que un día escribiría su propia historia, una historia que no nació de una escuela, sino de la escuela de la vida.

Escribir se volvió mi oración. Cada capítulo, una conversación con Dios. Cada recuerdo, una herida que se cerraba un poco más. Hoy sé que no elegí escribir este libro: Dios lo eligió por mí. Porque cuando Él decide usarte como instrumento, tu pasado se convierte en propósito y tu voz, en consuelo para otros.

Así nació este libro: desde la humildad, desde la fe y desde la verdad de una mujer que cayó muchas veces, pero que aprendió a levantarse cada vez con más amor y gratitud. Y si tú estás leyendo esto, déjame decirte algo desde mi corazón: no importa cuánto duela el camino, ni cuántas veces te hayas perdido. Dios no se ha olvidado de ti. Tú también puedes volver a empezar.

EPÍLOGO

Hoy cierro estas páginas con el corazón en paz. No lo hago desde la mujer que comenzó escribiendo desde el dolor, sino desde la que ahora escribe desde la gratitud. He llorado, he caído, he perdido, pero también he amado, he sanado y he aprendido que todo lo que sucede tiene un propósito divino.

Dios me enseñó que las caídas no son castigos, que las pérdidas no son finales y que las personas que se van también dejan bendiciones escondidas. Aprendí que el perdón libera, que la fe reconstruye y que el amor verdadero empieza por una misma, cuando decides mirarte con compasión y reconocer que también mereces una nueva oportunidad.

A lo largo de este camino entendí que no se trata de tener una vida perfecta, sino de tener un corazón agradecido. Cuando agradeces, hasta el dolor se convierte en enseñanza, y cada herida deja de ser solo una marca para transformarse en un recordatorio de todo lo que fuiste capaz de superar.

Agradezco cada lágrima, cada tropiezo, cada noche en que creí que no podría más, porque en cada una de ellas Dios me sostenía de la mano, incluso cuando yo no lo veía. Hoy puedo mirar atrás y reconocer que nunca estuve sola, que en mis silencios más profundos siempre hubo una voz guiándome.

Agradezco a mis hijos, Esmeralda Rubí y José, por ser mi motor, mi razón y mi refugio. A ellos les debo mi fuerza, mi ternura y mi fe, porque fueron testigos de mi lucha, pero también de mi renacer. Cada mirada suya, cada gesto de cariño y cada pequeño sacrificio compartido se convirtieron en impulso para seguir adelante.

Ellos me enseñaron a volver a empezar una y otra vez, a recordar por quién valía la pena resistir cuando sentía que las fuerzas ya no alcanzaban. Sin ellos, esta historia no tendría el mismo sentido.

Agradezco a mi madre por su sacrificio, por su ejemplo y por su amor silencioso, ese amor que muchas veces se expresa más en hechos que en palabras.

Doy gracias porque pude terminar este libro y ella sigue viva; así de hermoso es Dios, que me permitió honrarla con mis páginas mientras aún puedo abrazarla. Agradezco a cada persona que me acompañó, que creyó en mí y que me ayudó a levantarme: gracias.

Aunque muchos ya no estén, su huella sigue viva en mi corazón, porque cada uno dejó algo que me construyó y me sostuvo en momentos cruciales.

Hoy sé que no hay final más hermoso que volver a empezar con fe y entender que los planes de Dios siempre son más grandes que nuestros miedos.

Si algo quiero dejarte, querido lector, querida lectora, es este mensaje: nunca dejes de creer. Por más oscuro que parezca el camino, siempre hay una luz esperándote al final, y esa luz es Dios.

Él nunca llega tarde; solo espera el momento perfecto para decirte: "Hija, ya es tiempo de levantarte otra vez." Esa voz, cuando llega, rompe cadenas que uno ni siquiera sabía que llevaba encima.

Gracias, vida, por las pruebas que me hicieron más fuerte. Gracias, Dios mío, por no soltarme nunca, ni siquiera cuando yo misma dudé de mí. Y gracias a ti, que me lees, porque al acompañarme en estas páginas también te has convertido en parte de mi historia, en un testigo silencioso de este viaje de caída, reconstrucción y esperanza. Deseo que algo de lo que has encontrado aquí acaricie tu alma y te recuerde que siempre se puede volver a empezar.

Con todo mi amor,
Camila Montenegro

PALABRAS FINALES DE LA AUTORA

Gracias por caminar conmigo por estas páginas. Gracias por abrir tu corazón y acompañarme en cada caída, en cada sonrisa y en cada batalla que me formó.

Si has llegado hasta aquí, ya conoces no solo mi historia, sino también mi alma. He dejado en cada línea un pedazo de mi verdad, una emoción que alguna vez dolió y luego se transformó en fuerza.

No ha sido fácil desnudar el alma con palabras, pero sentí que era necesario hacerlo para sanar, para cerrar ciclos y para recordar que cada herida puede convertirse en una puerta hacia una versión más fuerte de uno mismo.

Revivir el pasado duele, pero también purifica. Cada recuerdo que enfrenté, cada lágrima que volví a sentir fue una manera de reconciliarme con mi historia. Hoy, al cerrar este libro, no cierro mi vida.

Cierro un capítulo que me enseñó el valor de la fe, la paciencia y la esperanza. Comprendí que mientras respire, Dios tiene propósito conmigo. Que nada llega por casualidad y que, detrás de todo lo que parece pérdida, hay una semilla de crecimiento que un día florece en gratitud.

He aprendido que no existen los finales, solo los nuevos comienzos. Que la vida es un viaje donde cada despedida prepara el alma para algo más grande.

Aún hay sueños esperándome, abrazos por dar, lugares por descubrir y metas por alcanzar. Todavía hay amor, fe y esperanza para compartir con quienes cruzan mi camino. Si algo deseo dejarte en el corazón, es esto: no importa cuántas veces caigas, levántate una más.

Cada tropiezo puede ser el impulso que te acerque a tu destino. Y cuando sientas que ya no puedes más, recuerda que dentro de ti habita una fuerza que no proviene del mundo, sino de Dios, y esa fuerza nunca te abandonará.

Hoy cierro estas páginas con gratitud, con lágrimas que ya no duelen, con la paz de haber contado mi verdad y con una sonrisa que nace del alma.

Gracias por leerme, por escucharme y por acompañarme en este recorrido de vida. Mi nombre es Camila Montenegro, y esta es solo una parte de mi historia... porque la vida sigue, y yo sigo con ella, con la mirada al cielo y el corazón dispuesto a seguir creyendo.

UNA PLEGARIA MUY ESPECIAL

Señor Jesús, hoy elevo ante Ti la vida y el trabajo de mi madre, Camila Montenegro.
Tú conoces su historia, su esfuerzo y el valor con el que ha plasmado su vida en este libro.
Gracias por la inspiración, la fortaleza y las experiencias que le diste para escribir una obra con propósito.
Te pido, Señor, que cubras este lanzamiento con Tu favor divino.
Que cada persona que necesite este mensaje lo encuentre, que cada lector sienta Tu presencia en sus palabras y que este libro abra puertas de bendición, sanidad y transformación.
Señor, multiplica su alcance.
Haz que su libro llegue más lejos de lo que imaginamos, que tenga visibilidad, aceptación y éxito.
Que las ventas sean abundantes, constantes y prósperas, y que todo aquel que lo lea sea tocado por su historia.
Rompe todo obstáculo, abre caminos nuevos y conecta a Camila Montenegro con personas, plataformas y oportunidades que impulsen su mensaje hacia lo alto.

Bendice su corazón, su esfuerzo y su misión.
Dale paz, gozo y la certeza de que Tú estás guiando este proyecto.
Que este libro sea un instrumento de luz y que su lanzamiento sea un testimonio vivo de Tu fidelidad.
En el nombre de Jesús,

Amén.

Esmeralda Ruby Chávez Montenegro

EDITORIAL MUNDO LATINO
www.emundol.com
(661)468 0147
(310) 595 6956

Made in the USA
Monee, IL
06 January 2026

37286801R00069